マネー・エネルギー論

吉良久美子
kumiko kira

お金の悩みや不安から解放！

エネルギーの使い手となってダイナミックに豊かになる方法

廣済堂出版

はじめに

「生活するのにギリギリの収入しかなくて不安」

「貯金がほとんどない」

「もっとお金があったら……」

「どうしたらお金を稼げるかわからない」

「お金がないから将来どうなってしまうのか……」

いま現在、お金の問題に振り回されている人は多いのではないでしょうか？

私はエネルギーの使い手として、この地球でやりたいことを叶えるためのエネルギーの使い方を、講座やオンラインサロン、動画、セッションなどを通じて伝えています。

私がいうエネルギーとは、前著『エネルギー論』（廣済堂出版）でも紹介していますが、「この世界（宇宙）のエネルギーは、一定方向に流れている」という宇宙の摂理です。

私たちは誰もが、幸福で豊かで至福の世界に向かう流れの中に産み落とされていて、その流れに抵抗しなければ、宇宙が与えてくれる幸せ、豊かさ、喜びを無条件に受け取ることができる――というのが、私が提唱する「エネルギー論」です。

しかし、どんなふうに幸せを実現するのかは、人それぞれ違います。なぜなら、自分が持っている個性や独自性によって、幸せの在り方は違うからです。

そのことを私は「ひとりひと宇宙」と呼んでいて、「ひとりひと宇宙」に気づけるかどうかが、エネルギーに乗るもっとも重要なカギともいえるのです。

「ひとりひと宇宙」については、のちほど詳しく説明しますが、私はこれらの仮説をもとに、自分を実験台にして検証し続けてきました。

その結果、自分のルールで生きて、エネルギーを使いこなせるようになれば、思い通りの現実が創造できるようになることを確信したのです。

そして、「お金」というものもエネルギーであって、エネルギーを使いこなせるようになれば、お金に困ることはない、ということがわかりました。

「お金」に対して真摯《しんし》に向き合い、研究を重ねて得た結論、それが、この本で紹介する「マネー・エネルギー論」です。


ここまでのプロセスは、一筋縄ではいきませんでした。

しかし、お金のエネルギーを信じて実践していくうちに、実はすでに豊かさも自由もすべて手にしていたことに気づきました。

そして、日常にあふれる豊かさにフォーカスしていけるようになると、お金に振り回されることなく、それどころかお金も増えるようになっていったのです。

私は、自らの経験をもとに、「ビジネス講座」を開催していますが、講座を受けてくれた生徒さんたちの中には、月10万円も収入がなかった状態から、いまでは年収1千万円を超えている人が多数います。

それくらい、エネルギーの使い方をマスターすれば、お金を動かせるようになれるのです。

私はいまでこそ、〝億女〟と呼ばれるようになり、こうしてお金に関する本を書かせていただいていますが、ほんの数年前までは、給料日前になると、預金通帳の残高が5000円を切っていて、「これでどうやって給料日まで乗り切ればいいのか？」とお金の不安ばかり抱く日々を送っていました。

お金は生きていくために絶対必要なものなのに、誰も私たちにお金のことを教えてくれません。

本書では「お金とは何か」といったお金の本質について理解した上で、豊かさを引き寄せるマインドと、お金が流れ込むしくみについてお伝えし、実際にお金を増やすエネルギーを生成するレッスン、そして、お金の在り方が激変するこれからの時代に必要なマインドについてお話ししていきたいと思います。

お金のエネルギーを知ることで、必ずお金の流れは変わります。

お金のエネルギーをまとって、自由自在にエネルギーを動かす自分になれるよう、楽しみながら実践していただけたら何よりです。

マネー・エネルギー論　目次

第1章

お金は誰もが受け取れるエネルギー

第2章

お金の循環が決定的に違う「貧乏マインド」と「豊穣マインド」

第3章

「お金の川」からどんどんエネルギーを取り入れよう！

第4章

お金の「入口」と「出口」を整える方法

第5章 「マネー・エネルギー」の流れを読んで永遠の豊かさに包まれる

第1章
お金は誰もが受け取れるエネルギー

お金は減らない

買い物をしてお財布からお金が出ていくときや、クレジットカードや税金の支払いで口座からお金が引き落とされた通帳を見るとき、あなたはどんな気持ちになりますか？

「あ〜、お金がなくなる〜」「残高が少なくなっちゃった〜」と思いませんか？

でも、お金は減っていません。

ただ、移動しているだけです。

そうはいっても、実際、手元からなくなるのだからお金は減ったと思うかもしれませんが、それはお金を「物質」だと思っているからです。

たしかに、お金を硬貨やお札としてだけ見ると物質です。そして、物質としてお金を見る限り、お金は使えば使うだけ減っていきます。

けれど、お金にはもうひとつの側面があります。

それは、エネルギーであるということ。このあと詳しく話しますが、お金の本質はエネルギーです。

お金をエネルギーで見ることができたら、お金は減りません。循環させればさせるほど、無限ループでいくらでも流れ込んでくることもわかります。


お金はエネルギー。


このことが腑に落ちると、お金はいくらでも巡ってくるようになるのです。

「まさか、そんな！」と思っている人は、次の例で「お金は減らない」という感覚をつかんでみてください。


ある町に、4つのお店があるとします。Aさんの家はお花屋さん、Bさんの家はケーキ屋さん、Cさんの家は美容室、Dさんの家は旅館。

Aさんが1万円を払って、Bさんからケーキを購入したので、1万円はAさんから

Bさんに移りました。

Bさんはその1万円を使って、Cさんの美容室でカットをしてもらったので、1万円はBさんからCさんに移りました。

Cさんはその1万円を使って、Dさんの旅館に宿泊したので、1万円はCさんからDさんに移りました。

Dさんはその1万円を使って、Aさんのお店でお花を買ったので、1万円はDさんからAさんに移りました。


さて、お金は全部で4回動いたわけですが、この間で移動したのはいくらでしょうか？

たった1枚の1万円札ですよね。

つまり、AさんからBさん、BさんからCさんというふうに、1万円は次々と人の手に渡っていきましたが、「1万円」自体はこの世界からなくならず、移動した回数分だけエネルギーが動き、エネルギーが動いた分、この世界にサービスも増えるのです。

お金を物質として見ると、自分の手元から離れた瞬間、なくなったかのように見えますが、エネルギーとして見ると、移動した分、サービス、豊かさは増え続けていることがわかります。

では、仮に、Aさんが1万円を使わず貯金したとしたらどうなるでしょう。

貯めるということは、エネルギーの循環を止めてしまうことなので、そこに豊かさは生まれません。

つまり、所有したいと思った瞬間に、豊かさは減ってしまうのです。

所有して自分の手元に貯めておくという発想は、「お金は減る」という思考（マインド）からきています。

お金を貯めて自分が豊かになればいいと思っていても、それではお金の流れを滞らせるだけで世界は豊かになりません。世界が豊かではないのに、自分だけが豊かになるということはあり得ないのです。

自分を豊かにしたいなら、お金を移動させてエネルギーを動かすこと。

エネルギーが動けば動くほど大きな循環が生まれるので、そのエネルギーは自分を通過して、お金がどんどん舞い込んでくるようになるのです。

お金が動くと豊かさが増える

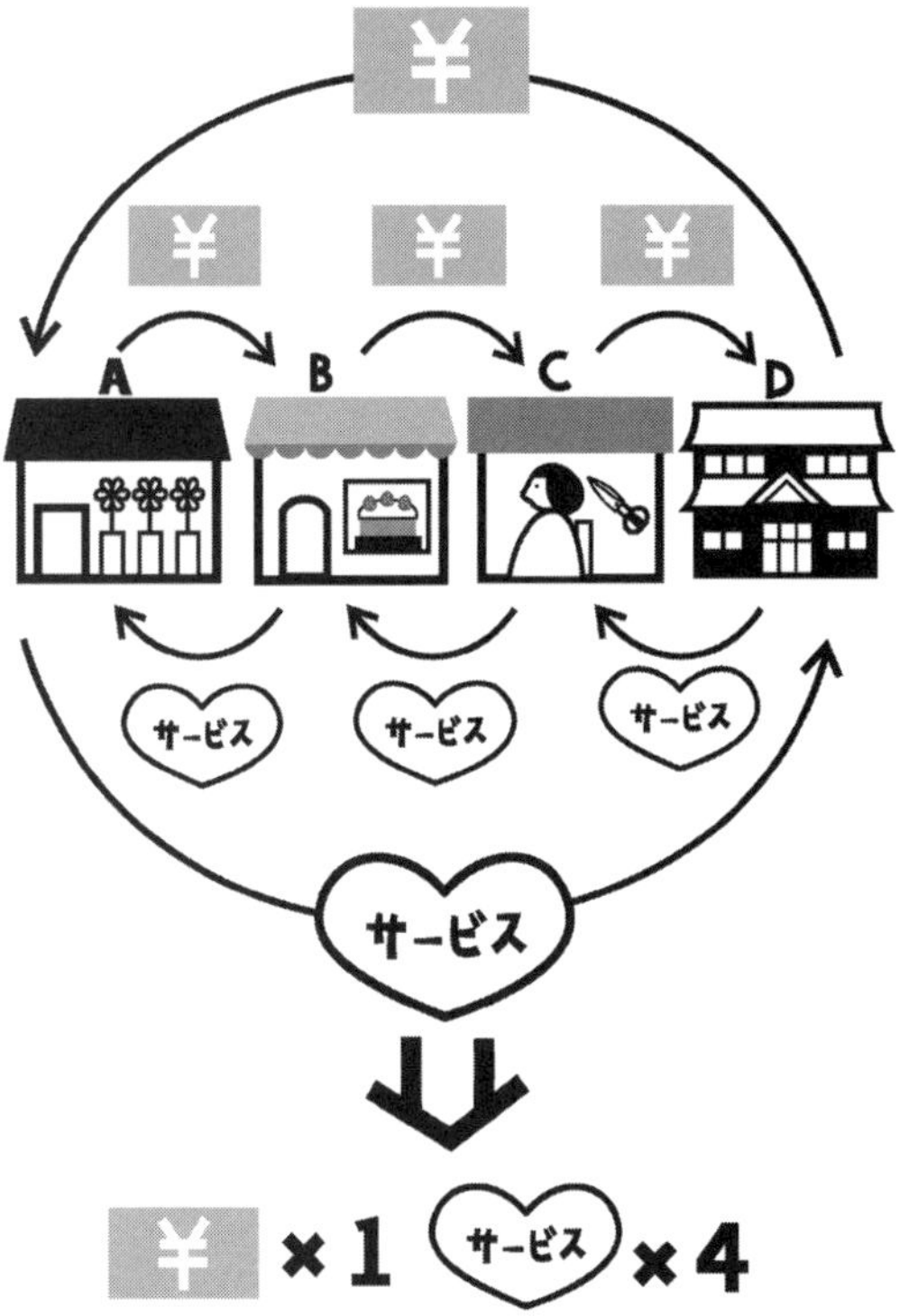

お金が移動すればするほど、エネルギーも動き、この世界のサービス（豊かさ）は増え続ける。

すでに受け取っている「豊かさ」にフォーカスする

この世界には、お金に限らず「意識したものが増幅する」という普遍的な法則があります。

たとえば、妊娠すると妊婦ばかり目につくようになったり、ほしい車があると、その車をたくさん見かけるようになったりする、という話を聞いたことがある人もいるでしょう。

これは、いままで意識しなかったから目に入らなかっただけで、意識するとそれが目に入るようになる、といった現象です。

同じように「お金」が減ってしまうと思っていると、どんどんお金が減っていくように感じるのです。

けれども、実はお金を支払うときというのは、すでに受け取っているものに対して、支払っています。

ギリギリのお給料からスマートフォンの通信料を捻出《ねんしゅつ》していたり、毎月の家賃など固定費の出費に追われている人もいるかもしれません。でも、スマートフォンがあるおかげで、遠くにいる大切な人の声がすぐ聞けたり、その場で必要な情報を検索したりできます。また快適な家があるおかげで毎日疲れた体を休めたり、寒い日も暑い日も安心して過ごせたりできますね。

ほしい情報を得たり、安心や喜びといった感情を得るために、電波塔や家を自分で建てることは到底できません。自分ではできないことを、お金を払って得ているわけですから、お金を支払うときは、本来ありがたい瞬間なのです。

またたとえば、お正月にお年玉を渡すのは、わが子や親戚の子という愛おしい存在から、すでに「癒し」や「幸せ」を受け取っているからです。通りすがりの他人にお年玉をあげる人がいないことからも、それはわかるでしょう。

お金を支払った瞬間は、同時にお金が減ったように見えますが、エネルギー的な視点で見れば、確実に自分のところにエネルギーが流れ込んできています。

自分にエネルギーが流れ込んでいることにフォーカスしていれば、「お金が出ていく＝自分が豊かになる」と感じられるはずです。

「お金がない」という人は、自分が受け取っている豊かさを見落としていることに気づいてください。

お金が出ていくことに不安や怖さがあると、豊かさを受け取っていることに気づけず、お金が減っていくという環境を、自分で自分に与えてしまいます。

この世界は、認識したものが増幅します。豊かさを感じたいのであれば、お金を支払うときに、受け取った豊かさにフォーカスする。

そこに気づくことが、豊かさを得るための第一歩です。

「お金があると幸せ」は錯覚

ここまでに、豊かさを感じられるかどうかが大事だとお伝えしていますが、豊かさとはなんでしょう。あなたは何に豊かさを感じますか？

静かな田舎でのんびり自然を感じながら過ごすこと？
都会でパワフルな仲間とともに楽しい経験をたくさんすること？
絵を描くなど創作活動に没頭している時間？
動物と触れ合っているとき？

10人いれば10通りの豊かさがあるように、何に豊かさを感じるかは人それぞれ違います。

「はじめに」でも話したように、自分が本来感じる幸せを、私は「ひとりひと宇宙」

と呼んでいます。

私たちは、自分自身が快適で心地よく、気持ちいい状態でいればすべてうまくいくようにできています。

苦手な部分は、それを得意とする人がサポートしてくれるように、私たち一人ひとりが自分の宇宙を生きるほど、幸福で豊かで至福のエネルギーに乗ることができ、世界の調和につながっていくのです。

それが、「ひとりひと宇宙」です。

しかし、他人の宇宙に干渉し過ぎたり、自分の宇宙に他人の宇宙を入れてしまうと、他人に合わせないと幸せになれないのではないか、という幻想にはまってしまいます。

もし、重くつらい感情があるなら、それは自分の宇宙に抵抗して、逆らっている状態です。

私が私らしくいること、一人ひとりオリジナルの輝く方法があることに気づいて自分のルールで生きること、それがとても大切です。

それはつまり、自分の宇宙の在り方によって、何にお金を使えば自分が満たされるのかも、それぞれ違うということです。

お金を増やすために株や金融商品の勉強をする人もいますが、「私はどうしたい？」「私はどんな世界を体験したい？」と常に自分に問いかけていきましょう。

自分の望みに素直になって行動するほど、エネルギーは増幅するのです。


この地球という星で暮らしていると、お金があれば幸せになれる、という錯覚に陥ってしまいがちです。しかし、本当の幸せは、お金がある・ないに関係なく、「ひとりひと宇宙」を確立して、自分だけの幸せ、自分だけの豊かさを味わうところにあるのです。

先にあげた４つの例を実現するのに、大金は必要ありませんね。

お金があるから幸せ、お金がないから不幸ではなく、自分は何に豊かさを感じるのか、どういうときに満たされるのかを知り、それを実現することが、本当の豊かさのはじまりです。

そこがわかれば、必死に働いてお金を得るためにストレスを抱える必要もありませんし、反対にお金への執着から、質素過ぎる暮らしをする必要もありません。

お金がたくさんあると豊かになれるというのは幻想です。

自分が何に豊かさを感じるか、そこにフォーカスしながら、日常で自分を満たしていきましょう。

それには、最初はとても小さな出来事でかまいません。

私の生徒さんは、あるときカフェでモーニングのパンとコーヒーに、スープも注文して幸せを感じたといいます。いつもなら、コーヒーかスープか、どちらかしか頼まないところを、その日は「どちらも飲みたい」と思い、その思いを叶えたのです。すると、とても満たされた感覚になり、それからは、飲みたいと思ったものは全部注文することにしているそうです。

こういった些細《ささい》なことでいいのです。**いまあるお金で叶えられる小さな小さな豊かさ、そこにフォーカスする癖をつけることで、豊かさは日常の中に全部そろっていたということがわかるでしょう。**

お金を追いかけ過ぎて本当の豊かさがわからなくなっているなら、「ひとりひとと宇宙」に気づき、あなたにとっての本当の豊かさや喜びを感じてみてください。

ほしいのは「お金」ではなく「豊かさ」だと気づく

先ほど、お金の本質はエネルギーだといいましたが、まず知ってほしいのは、「お金」そのものには価値がないということです。

お金をただ持っていても、何も生まれませんね。いくら貯金があっても、ただ貯めているだけでは、生活そのものは何も変わりません。硬貨も紙幣も、それ自体はただの鉱物であり紙きれで、価値はありません。

お金はものやサービスなど、何かと交換して豊かさを感じたときにはじめて、価値が発生します。

ということは、私たちが本当に得たいものは「お金」という物質ではなく「豊かさ」を感じるエネルギーだということに気づいてほしいのです。

お金を介して、「満たされた」という感覚を得たいわけです。

お金は、自分を満たす体験チケットでしかありません。

ですから、お金をいくら貯めても、価値を蓄積することはできないのです。

もっというと、お金がなくても、豊かさを感じられたら、お金を持つ必要はないということです。


では、お金を介さず、豊かさを得られるとはどういうことでしょう。

日常生活レベルでいえば、「野菜がたくさん穫れたから、もらってくれる？」とおすそ分けしてくれるご近所の人がいたり、旅行した友だちからお土産をもらったり、「夜も遅いし、今日は泊まっていけば？」と気軽に泊めてくれる知り合いがいたりすることです。

些細なことに思えるかもしれませんが、野菜やお土産をもらったり、泊めてもらえたりしたら嬉しいですよね。

つまり、お金を介さなくても、本来お金を支払わなければ得られない体験を得ることはできる、ということです。


そもそも、なぜお金が必要だと思っているかというと、衣食住への不安をなくすためではないでしょうか？

住める家、食べるもの、着るものさえあれば、最低限、生きていくことはできますね。

ということは、安心して生きるために、お金に執着している、ともいえるのです。

住む家がなくなったとしても、泊めてくれる友だちがいたり、お金がなくて食べものを買えなくても、お米を送ってくれる親戚がいたり、洋服に困っても「古着でよかったら使って」といってくれる人が回りにいたとしたら、生きていけるはずです。

究極のところ、お金がなくても生きていけるのです。


では、このように豊かさを享受できる人物は、何を持っていると思いますか？

それは、「信用」「信頼」「愛」「感謝」です。

たとえば、大切に思っている相手が困っていたら、助けたいと思いますよね。このように、人は信用、信頼、愛、感謝を感じる人に、豊かさを与えたくなるのです。


これからの時代、貯めなければいけないのはお金ではなく、信用、信頼、愛、感謝

にひもづくエネルギーです。

誰とつながり、どこに信用、信頼、愛、感謝を積み重ねる行動をし続けるかがあなたの資本となり、豊かさを生むことへとつながっていくのです。

お金のエネルギーを信用、信頼、愛、感謝にひもづける

信用、信頼、愛、感謝に基づいた行動とは、どのようなことかというと、「誰かを喜ばせること」「自分を喜ばせること」の2つです。

たとえば、クラウドファンディングで誰かを応援するのは「誰かの喜び」のためであり、疲れた体を癒すためにマッサージに行くのは「自分の喜び」のためですね。

目の前の人と自分をどれだけ喜ばせられるか、そのことを意図しながら使ったお金は、信用、信頼、愛、感謝にひもづくエネルギーが動くので、お金も増えていきます。

反対に、お店でほしいものを値切り倒して安く買ったような場合、自分は得したように見えても、お店の人を疲弊《ひへい》させるだけ。そして他人から「奪う」、さらには「所有」にひもづくエネルギーが動くので、お金も減っていってしまうのです。

多くの人は、お財布に入っているお金や銀行に預けているお金は、自分のものだ、

と思い込んでしまいますが、お金は誰のものでもありません。それなのに、それをどうやったら減らさずにいられるか、どうやったら他人に奪われずに済むかを考えているわけです。

この思考でいる限り、豊かさよりもお金を崇拝していることになるので、お金のエネルギーとなる信用、信頼、愛、感謝から離れてしまい、お金が減っていくことになるのです。

お金を出すときも、入れるときも、誰かを喜ばせる、もしくは自分を喜ばせるといった、喜びのエネルギーにひもづいた出し入れを意識しましょう。

自分の言動、立ち居振る舞いなど一挙手一投足を、誰かの喜びのため、自分の喜びのために心がけることで、信用、信頼、愛、感謝にひもづくエネルギーが巡るようになります。

そうして、自分がお金に愛されるエネルギーに包まれるようになると、お金のエネルギーが巡ってくるようになり、所有しなくても、お金が無限に増えていくようになるのです。

人間関係とお金の巡りは比例する

　お金のエネルギーは、他人と自分を喜ばせたり、楽しませたりするために支払うことで循環しているとお伝えしましたが、それはつまるところ、お金は人を介して運ばれてくるということです。

　いいかえれば、人間関係の構築が苦手な人には、お金は流れてこないということです。

　たとえば、行きつけのお店でご飯を食べ終わったあと、お財布を忘れたことに気づいたとしましょう。もし、そのお店のご主人との間に信頼関係が築かれていたら、「いつもお世話になっているから、今日はお代はいらないよ」といってくれるかもしれません。けれど、はじめて入ったお店ならそうはいきませんね。

　このことからも、お金というものが単なるものとの引換券ではなく、お互いの信頼関係にひもづくエネルギーだということがわかるでしょう。

お金は、いつも人を通じて自分に流れてくるものです。

人との間に生まれる信用、信頼、愛、感謝にひもづくエネルギーが、お金を運んでくるのですから、お金を「お金」という物質としてしか見ていない人には、お金のエネルギーは動かせないわけです。

いつも「お金がない」という人は、人との関係性が悪く、またお金がある人は、人との関係性もいいものです。

どんなときも相手や自分の喜びを考えて行動し、信頼ある人間関係を築いている人は、お金に困ることはありません。

世の中にはお金を増やすためのスキルはあふれていますが、人との関係性を上手に構築できるようになってはじめて、そのスキルは生きてくるのです。

お金の不安にとらわれているという自覚がある人、つい豊かさよりも「お金」を崇拝してしまう人は、自分の行動は信用、信頼、愛、感謝に基づくものなのか、いま一度見直してみましょう。

お金は所有物ではなく、人を通じて、信用、信頼、愛、感謝にひもづくエネルギーが運んでくることを忘れずに人間関係を構築していくことで、お金も巡るようになるのです。

お金と人が集まる「ひまわり理論」

先ほど、人間関係をうまく構築できる人はお金も巡るようになる、といいましたが、それは、相手に合わせるとか、顔色を見て嫌なことも引き受けるといった意味ではありません。その人がその人らしく輝いていること、つまり「ひとりひと宇宙」が確立されていて、**本来の自分と一致している人は、お金のみならず、人脈もチャンスも、情報もパートナーも、すべて自然と引き寄せられてくるのです。**

「ひとりひと宇宙」を確立している人は、明るくキラキラしていて、軽いエネルギーを放っています。外見的にきらびやかかどうかということではなく、本来の自分と一致して生きているので、内面のエネルギーがあふれ出ているのです。

そういう魅力的な人に、自然と人が惹きつけられてしまうのは当然です。

私はこれを「ひまわり理論」といっています。

ひまわりの花は、輝く太陽を追いかけて向きを変えますね。同じように、エネルギーも明るいほうに吸い寄せられてしまう。これは自然の摂理です。明るく本来の自分で輝いている人に、人は惹かれてしまうというわけです。

一方、お金がない、人脈もない、チャンスもない、情報も入ってこない、パートナーも見つからない……といった、ないないづくしの人もいます。人に合わせていたり、自分をごまかしていたりするなど、「ひとりひと宇宙」の本来の自分を生きていないと、「エネルギー漏れ」が起きてしまいます。

そういう人は、いままで自分が信じてきた常識や固定観念に縛られて生きていないか、自分の内側に目を向けてみましょう。

そして、自分が楽しくて、心地よくて、幸せだと思うことは何かを知り、自分の宇宙で生きると決めること。つまり、「ひとりひと宇宙」に気づきましょう。

自分ルールで、自分が輝く方法で生きると覚悟したとき、あなたはあなたらしく生きられるようになります。

魅力がアップしたあなたのもとに、お金も人脈も情報もすべてが吸い寄せられてくるのです。

「放ったエネルギー」と「返ってくるエネルギー」は同じ

よく、「お金は出したら入ってくる」といわれますが、お金を出したのに入ってこない、という悩みをたびたび耳にします。

なぜ、そうしたことが起こるのかというと、お金を支払ったとき、自分に入ってきたエネルギーを見ていないからです。

エネルギーは常に循環しているので、出したら必ず入ります。この出し入れは、常に同時に起こっています。

つまり、お金はエネルギーですから、お金を出したということは、なんらかの豊かなエネルギーが入ってきているはずなのです。

しかし、その入ってきたエネルギーに気づかない、見ていない人は、そのエネルギーは「ない」と認識していることになりますね。

入ってきているのに、ないと思っているわけですから、放つエネルギーはゼロ。結果的にお金も巡ってこないのは当然なのです。

この世界は、自分が放っているエネルギーと同じエネルギーが返ってくる。それが法則です。

たとえば、小料理店で鯖《さば》の味噌煮を頼んだとします。

Aさんは、鯖の味噌煮のおいしさに感動し、「こんなおいしい鯖の味噌煮ははじめて食べました♪」と店主に伝えたとします。それに喜んだ店主は「これも食べてみてください」と、1品サービスをしました。

一方Bさんは、始終無愛想な表情で鯖の味噌煮を食べたので、お店からのサービスはありませんでした。

AさんもBさんも「お金を支払って鯖の味噌煮を食べる」という、同じ体験をしたのに、Aさんにはサービスがついて、Bさんには何もないのはなぜでしょうか。

これをエネルギーで見ると、Aさんは、鯖の味噌煮を食べたときに、喜びや幸せのエネルギーを放ったので、その分のエネルギーが、サービスという形になって返ってきたといえます。

一方Bさんは、鯖の味噌煮を食べても無反応だったので、食べたときに放ったエネルギーはないも同然。プラスのエネルギーが生成されなかったので、鯖の味噌煮とお金を交換するだけで終わったのです。

この例からわかるように、自分がこの世界にどんなエネルギーを放つかによって、返ってくるエネルギーも変わるということです。

放ったエネルギーと返ってくるエネルギーが同じということは、自分次第でいくらでもエネルギーを増幅させられるということ。

それならば、自分も相手も喜ぶエネルギーを放てばいいのです。

これを意識していくことで、戻ってくるエネルギーも喜びに基づいたエネルギーになるので、豊かさが循環していくようになるのです。

放つエネルギーと同じエネルギーが返ってくる

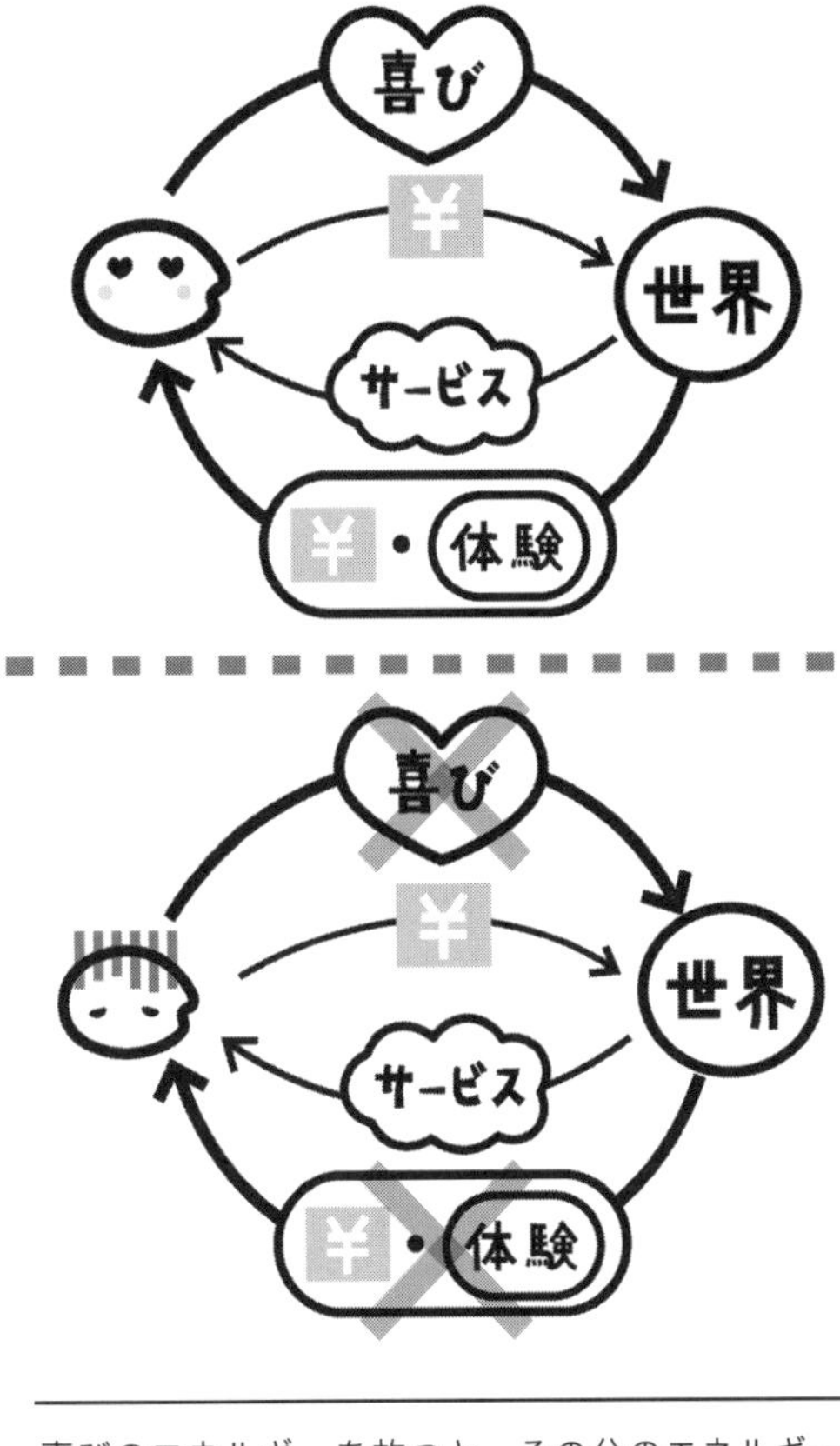

喜びのエネルギーを放つと、その分のエネルギーが体験やもの、お金として返ってくる。無反応だと、エネルギーは放たれないので、支払った分のサービス以外は返ってこない。

機能的価値より、感情的価値を優先する

お金とは、いってみれば豊かさを感じられる体験との交換ツールですが、私たちが豊かさを感じるときは、２つの価値を感じています。

ひとつは機能的価値、もうひとつは感情的価値です。

機能的価値は「役に立つもの（ＮＥＥＤ）」で、感情的価値は「感情が満たされるもの（ＷＡＮＴ）」。

どちらもお金をツールとして交換できるものですが、多くの人は機能的価値に偏った使い方をしています。

たとえば、性能は同じだけど、値段が安い無地の水筒と、少し値段は高いけれど大好きなキャラクターのイラストが描かれている水筒が売っているとします。

その場合、性能が同じなら、役に立てばいいと機能的価値を優先して安い水筒を選

んでしまいがちですが、そういうときこそ、感情的価値に目を向けてキャラクターのイラストが描かれている水筒にお金を使ってみてほしいのです。

すると、いつも持ち歩く水筒を見るたびに、愛着がわいてくるのを感じるでしょう。

この世界は、放つエネルギーと返ってくるエネルギーは同じですから、**感情的価値を優先したほうが、エネルギーは増幅するのです。**

お金を支払うときは、「なぜいま、これを買おうとしているのだろうか？」と考えてみる習慣をつけましょう。

そして、機能的価値に偏って選んでいる自分に気づいたら、それは感情が満たされるものかどうかを感じてみてください。

感情的価値を大切にして、自分を満たすためにお金を使うことができるようになると、エネルギーは増幅し、お金も巡るようになるのです。

「ほしい」と思った瞬間に、同額のエネルギーが動いている

「ほしい」と思ったときは、実は目に見えないエネルギーがすでに動いています。

たとえば、100万円の指輪をほしいと思った時点で、100万円分のエネルギーが動いています。でも、思考で「どうせ着けていく場所もないから買わない」など「買わない」選択をしたとしても、別の形で同額が出ていくということになります。

その100万円が外食や洋服など、他にワクワクできることに使われるならいいのですが、思考で判断するのはエネルギーが停滞している状況なので、病気や事故、修理代などで出ていってしまうことも多いでしょう。

私は「ほしい」と思ったら、たとえ高価なものでも「ここで買わなかったら、どうせ違う形で出ていってしまう」と、あきらめて買うことにしています。

ほしいと思ったときは、すでにその額のエネルギーが動いている。そのことを知っておいてください。

「ほしい」と思った瞬間、エネルギーは動いている

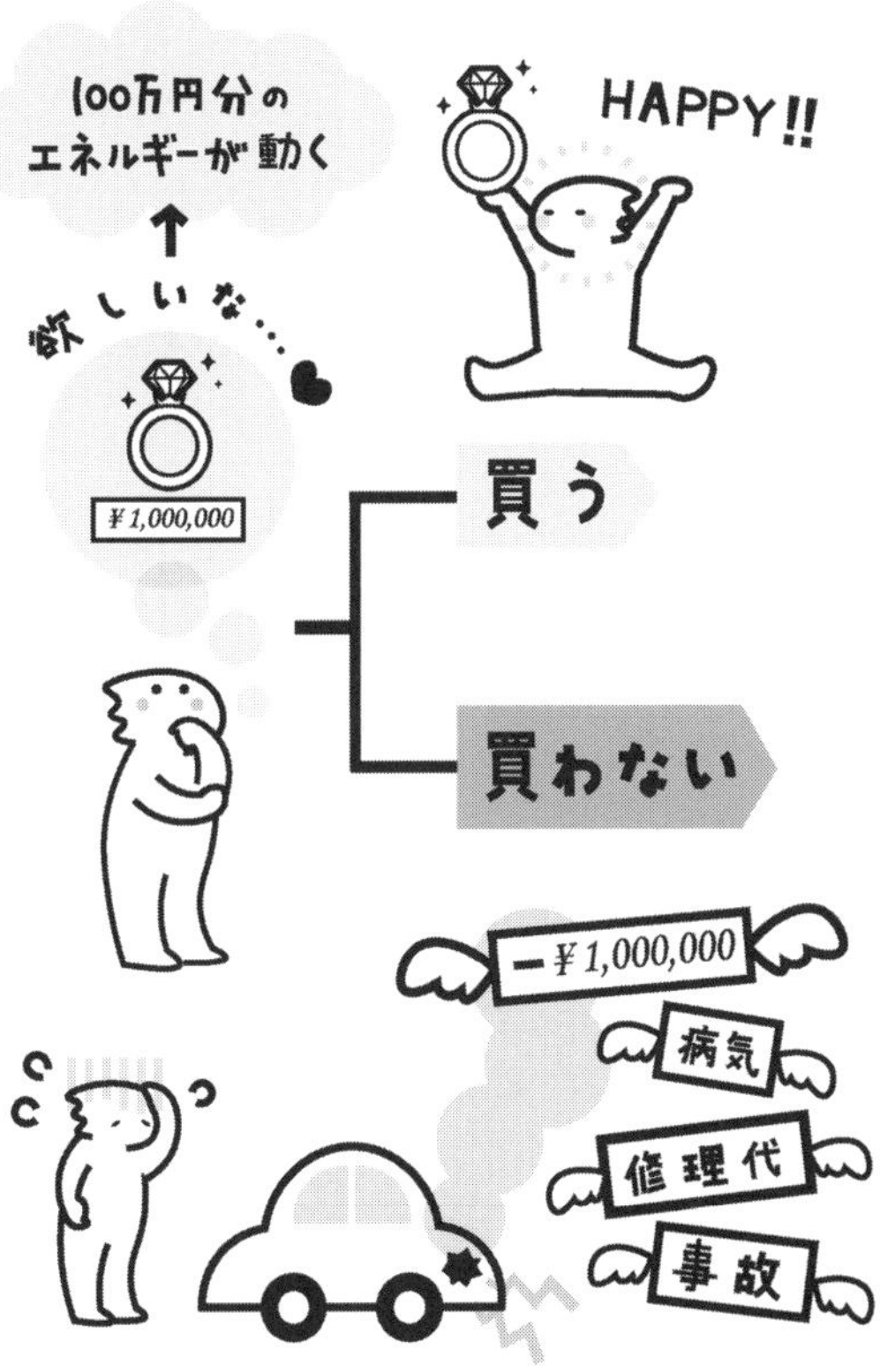

ほしいと思ったときにその分のエネルギーが動くので、それを買わなくても他の形でお金が出ていく。それが望まない支出になる場合もある。

衝動買いは、次のステージへのお誘い

衝動的に「どうしてもこれがほしい〜！」と思うことってありますよね。そういう瞬間がきたら、それは「次のステージ」へのお誘いです。

以前、私がお金に余裕もなく、貯金もほとんどできずにいた頃、街を歩いていたらかわいいドレスを見つけて、どうしてもほしくなってしまいました。

値段は15万円。当時、服に15万円をかけるなど考えたこともなく、「これを買ってどうするの？」「本当に着る機会はあるの？」と思考の声がザワザワ。でも、それでもほしい気持ちが勝っていたので、思い切って購入したのです。

その後、面白い変化がありました。なんと、このドレスを着て人前に出る機会がいくつもできたのです。同時に、ビジネスでもさまざまな展開が見えてきました。

いま考えると、「ほしい！」という衝動的な思いは、「それを持っていてよかったと思えるステージがくるよ」という未来からのメッセージだったのではないかと思うのです。

いままで支払った経験がないほど高額のものを買うのに、勇気がいるのは当然です。人は経験したことがない領域に移行するとき、恐怖を感じてそこにとどまろうとする力が働くからです。

でも、怖さを乗り越えることで、どんどん自分の安心フィールドが大きくなり、次のステージに移行できるようになるのです。

ですから、「ほしい」と思ったけれど高額で迷ったときは、**「ほしいものをいつでも買える自分」になるのか、「自分にはまだ無理だと引き返す自分」になるのか、その大きな分岐点にいるといえます。**

そんなとき、私はいつも自分にこう問いかけます。

「お金に困らなくて余裕があったら、これを買うかな？」

その答えが「YES！」だったら、怖さを乗り越えて買うほうを選び続けてきました。

生活が圧迫されるような買い物は控えたほうがいいですが、少し頑張れば出せる金額であれば、怖さを乗り越える価値はあると思います。

エネルギー漏れによる散財に要注意！

「ほしい！」と思った衝動は、次のステージへのお誘いといいましたが、**思考がほしいと思っているだけで、実は本心ではほしいとは思っていないこともあります。**

他人に評価されたいといった見栄や、ストレスの代償としての欲求があると、思考の声を本心と勘違いしてしまうのです。

たとえば「このブランドのバッグを持っていたら、いい女に思われるのではないだろうか」「この洋服を着たら、あの人より目立てるのではないだろうか」「このセミナーを受講したら、成功するのではないか」などと思ったなら、それは本心ではなく、他人に評価されたいといった承認からくる衝動です。

他人からの評価を望むということは、「ひとりひと宇宙」が確立されておらず、エネルギー漏れが起きている状態です。

ですから、ほしいものを手に入れても、満たされた感覚にはなれないのです。

また、ストレスの代償からの欲求としてよくあるケースは、セールなどでついつい爆買いしてしまったり、ボーナスが入ったからといって買ってしまったりなどです。そのときは「ほしい」と思って買うのですが、本当のところは、散財することでストレス発散をしているに過ぎません。

まとめ買いしたけれど着ていない服が何着もあったり、箱に詰めたままで開けていないものがあったりする場合は要注意。純粋にほしくて買ったものではないと、エネルギーが漏れてしまうので、いくらお金を払ってもエネルギーを増幅させることはできません。

要は、本当に純粋な気持ちから「ほしい」と決めているものにお金を支払えば、そのエネルギーは支払った額よりも増幅するということ。けれども思考で「ほしい」と思ったものにお金を支払っても、エネルギーは増幅しないのです。

この世界のエネルギーは「理由なくほしい」「ただ純粋にそれがほしい」と思った

ときに、喜びのエネルギーが増幅するのです。

しかし、私たちは何かを選ぶとき、ほとんどの場合、思考からくる欲求が自分の本心だと勘違いしているので、まずは自分の気持ちに素直になる訓練が必要。

訓練を重ねていくと、「これ、本当にほしかったのかな?」と自分に問いを向けられるようになるので、どんどん本当の「ほしい」がわかるようになってきます。

ほしいと思ったものを見たとき、満ちる感覚を得られたら、ぜひ購入してみてください。こうして、思考による買い物をやめていくと、お金が巡るようになってきます。

第2章

お金の循環が決定的に違う「貧乏マインド」と「豊穣マインド」

「ない」から「ある」にマインドを変える

私が「エネルギーを使いこなして、この地球で遊ぶ」と決めてから、もっとも重点的に取り組んだのは、今までの思考を変えることでした。

「もっとお金があれば」「もっと親が理解してくれれば」など、環境が変われば幸せになれると思っていたのですが、実はそうではなくて**「自分の置かれた環境をどう感じるのか」「どう見ているのか」**が、**いまの自分の日常の幸福度を決めていることに気づいたからです。**

これまで、たくさんの方のセッションをさせていただきましたが、昔の私よりはるかにいい環境にいるのに「〇〇を持っていない自分はダメで」と、自分を責めている人もいれば、「〇〇しかないけど頑張りたい」という人まで、さまざまな人がいました。

どちらが幸せを早くつかむかというと、後者です。

いま置かれている環境をどうとらえるか、その選択が豊かさを享受できるかどうかに大きく影響しているのです。

私たちには「経済的豊かさ」「物質的豊かさ」「精神的豊かさ」の3つの豊かさがあります。

経済的豊かさとは、お金や資産があること。

物質的豊かさとは、ものがあること。

精神的豊かさとは、心が満たされていること。

多くの人は、「お金には困っていないけど、独り身で寂しい」「ものは持っているけど、貯金がない」「愛する旦那さんもいて自由に暮らしているけど、お給料が少なくて不安」というように、「ある」ものより「ない」ものにフォーカスしてしまいがちです。

ないものにフォーカスすると、お金がない、ものがない、幸せでない、というふうに「ない」ものにとらわれてしまうので、いまある豊かさを見落としてしまうのです。

けれど、3つの豊かさがそろわないと、満たされないわけではありません。

「あるだけで幸せ」というマインドを築けたら、「ある」ことにフォーカスできるようになるので、「ある」ことばかりが見えてきます。

●子どもの笑顔を見る幸せ
●夜にリラックスした時間を持てるありがたさ
●友達と久しぶりに再会した喜び
●お気に入りのマグカップでコーヒーを飲む心地よさ
●ほしいものを買えるお金があることへの感謝

ただ「ある」ことに幸せや喜びや感謝を感じられるようになると、身の回りに豊かさをたくさん発見できるようになるのです。

豊かさとは、あるものに感謝し満たされているという感覚を、どれくらい感じられるか、という感度です。

豊かさを受け取れる感性が育てば、エネルギーは増幅し、お金も流れ込んでくるようになるのです。

正反対の現実を作る「貧乏マインド」と「豊穣マインド」

この世界には、お金がある・ないにかかわらず、２つのマインドがあって、誰もが必ずどちらかのマインドに属しています。

ひとつは「豊穣マインド」、もうひとつは「貧乏マインド」。

豊穣は、「穀物がたわわに実るさま」と辞書にあるように、豊穣マインドとは、潜在的に「常にある（有る・在る）」にフォーカスしている状態です。

「ある」が土台にあるので、出しても入ってくることがわかっていますし、また惜しまず先に与えることも、大きく放出することもできます。

一方、「貧乏マインド」とは、潜在的に「自分にはない（無い）」にフォーカスしている状態です。

自分は持っていない、自分は貧しいと思っているので、いまあるものをこれ以上減らさないように執着したり、相手から奪おうとしたりします。

先に話したように、エネルギーの法則には、自分が認識したものが増幅するという性質があります。

それに当てはめると、**豊穣マインドは「ある」ことを認識するので、豊かさがどんどん増え、貧乏マインドは「ない」ことを認識するので、失ったり奪われたりという貧しさが増えていきます。**

たとえば、1000円が手元にあった場合、豊穣マインドの人は「1000円もある！　この1000円でどんな楽しいことをしようか♡」と考えます。

これはすでに1000円を超える豊かなエネルギーを放っている状態です。その結果、自分に返ってくるエネルギーも1000円以上の豊かさを感じられる現実となって返ってきます。

貧乏マインドの人は「1000円しかない。この1000円をどうやって減らさないようにするか」と考えます。貯金しようと思うかもしれませんし、なるべく安いもので済まそうとしたりするでしょう。いずれにせよ貧しいエネルギーを放っている状態なので、貧しさを感じる現実となってしまうのです。

こんなふうに、豊穣マインドを持っている人と貧乏マインドを持っている人では、現実のとらえ方が正反対なので、当然、あらわれる現実も異なってくるわけです。

さらに、人間関係は、自分が放つエネルギーと同じエネルギーを持つ人たちで構成されていきますから、貧乏マインドの人の周りには、貪《むさぼ》ろうとする人たちが集まります。お互いに何かを奪い合おうとする人間関係には、安心感も豊かさもありません。これは、実際にお金を持っている・いないは関係ありません。

一方、豊穣マインドの人は、「よかったらどうぞ」というふうに、みんなと分かち合うことができます。分かち合うことで、喜びが増えることを実感できる仲間に囲まれます。たとえ物質的に減ったとしても、喜びで満たされ、みんなの喜びが自分の喜びとなり、どんどんエネルギーが循環していきます。

また、貧乏マインドの人は節約思考になりがちです。

物質的な増減にとらわれ、エネルギーが増える喜びを感じることができないので、お金も循環しないのです。

もちろん、節約生活を楽しんでいるならいいのですが、もしそうでないのなら、節約をすることでお金のエネルギーが循環することはないのです。

損得勘定を持っていると、大きなエネルギーは生成できない

自分にとって、損になるか得になるかを考えることを「損得勘定」といいますが、貧乏マインドの人は、とくに損得勘定で判断しがちです。

たとえば、セールの時期になると、本当にほしいものではなくても、「安いから」という理由で購入しがち。せっかく買っても使わず、しまったままになっている人もたくさんいるでしょう。

安いから買うというのは、物質的な「お金」という側面から見ると得したように見えますが、エネルギー的な側面から見るとマイナスです。ほしくないものや、喜びのない買い物をし続けていると、金銭的に得したように見えても、生成できるエネルギーが減っている状態だからです。

たとえば、本当にほしい服Ａが１万５０００円で売っていて、その隣に元値３万

円が1万円に値下がりした服Bがあるとします。ほしい服はAのほうですが、Bを買えば2万円も得する上に、Aより安いので、Bを買う人もいるでしょう。

これはエネルギーの視点で見ると、まったくお得ではありません。

Aを買えば、喜びのエネルギーが増幅されますが、お得そうなBを買うと、ほしい服をあきらめたためにエネルギーが増幅しないからです。

損得勘定があると、いくらお金を支払っても生成できるエネルギーは少ないので、結果的に損をしてしまうのです。

「ほしいものを買えて、めっちゃ幸せ♡」「このお洋服を着てどこに行こうかな♡」など、ワクワクのエネルギーで満たされている自分を想像できるようなお金の使い方ができれば、大きな喜びのエネルギーが生成されるので、喜びを感じられることが返ってくるのです。

ですから、私はお得そうに見えても、エネルギーが増幅しないものには1円も出さないと決めています。

その代わりエネルギーが増幅するものは、たとえ高価であっても頑張って買う努力をしています。

この世界の現実は、何円支払ったかではなく、どんなエネルギーを放ったか、それで決まるのです。

損得勘定で見るクセがあると、人間関係も損得ではかってしまいます。

たとえば、「この人はいつもおいしいご飯を奢《おご》ってくれるからつき合おう」とか「彼とつき合ったら、いろいろな人脈を紹介してもらえるかも」とか「この人と一緒にいると、私まで地味に見えるから避けよう」などなど。

自分にもたらされるメリットばかり考えてつき合うということは、実は「自分は豊かさを持っていない」「自分には価値がない」と感じているということ。

ですから結果的に、裏切られたり、粗末に扱われたりするわけです。

また、「無料」「今日だけ半額」という言葉にのせられてしまいがちなため、詐欺《さぎ》にも遭いやすくなるので要注意です。

詐欺が横行するのは、ちょっとでも得しようという人の心理をつくことで、お金が手に入ることがわかっているからです。

お金はエネルギーだということがわかると、動いたエネルギーは必ずどこかで帳尻が合うようになっているということもわかるので、無料や半額で何かを受け取るのが、とても不自然だということもわかるでしょう。

陰陽を引き受けられる人は、エネルギーを大きく循環できる

憧れのレストランの予約がやっと取れたので、奮発して1万円のコース料理を頼んでみたら、全然おいしくなかった……としたら、みなさんはどうしますか？

貧乏マインドの人は「1万円も払ったのに、おいしくないなんてひどい！」と怒ったり、そのレストランで食事をしたことを後悔したりします。

一方で、豊穣マインドの人は「憧れていたお店にくることができてよかった」と思います。

2人の違いは、お金はエネルギーであり、自分を喜びで満たす体験チケットだとわかっているかどうかです。

それを知っている豊穣マインドの人は、「憧れのお店にこられた」という体験を喜び、「おいしくない」ことは体験して知った、ということに過ぎないと考えます。

私たちが生きているこの地球は、陰陽のエネルギーでできています。

陰陽のエネルギーはただ存在しているものであり、陰は悪いもので、陽はいいものというジャッジは必要ありません。

喜びのエネルギーが増えることにフォーカスしている豊穣マインドの人は、陰（おいしくない食事）も陽（おいしい食事）も引き受けられるということ。どちらかだけを受け取りたい、という抵抗がないため、エネルギーが巡ります。

けれど、貧乏マインドの人は、陽だけをほしがり陰を引き受けたがりません。

貧乏マインドの人にとって、1万円も払っておいしくなかったことは損しただけであり、喜びを受け取れなかった分、エネルギーは巡らないのです。

想像よりもよかったときだけ、幸せを感じる人生を送りたいのか。

それとも、自分の意思でやりたいことを体験して、そこに喜びを見出す人生を送りたいのか。すべての出来事はこの二択なのです。

楽しくワクワクとした喜びに満ちた人生を送りたいなら、結果はどうあれ、体験できた喜びを、まず受け取りましょう。

それは、この世界の陰陽のエネルギーを引き受けることになるので、たとえ失敗しても「次はこうしよう」という学びに変わり、大きなエネルギーを動かせるようになるのです。

1404円に感じた、超絶な喜び

私は長い間、貧乏マインドで生きてきました。それがある日、豊穣マインドを実感した出来事があります。それが「お団子事件」です。

当時、目に見えないエネルギーの存在を知り、「自分も変わりたい、豊かになりたい」と思ってはいたものの、まだエネルギーを使いこなせず、いつもカツカツで過ごしていました。

そんな中、お団子屋さんでお団子を買って家で食べることが、ひそかな楽しみでした。

ある日、子どもたちと一緒にお団子屋さんの前を通りかかり、いつも通りお団子を買おうとしたときのことです。

子どもたちにはいつも「1本だけだよ。1本だけ選びなさい」といっていたのですが、どの種類も捨てがたく、1本をなかなか選べず迷っている子どもたちの姿を見て、ふと思ったのです。

「なぜ私は1本だけ買おうとしているのだろう。いっぱい買ったら、お金が減ると思っているからだ！」

そのとき、自分が貧乏マインドであることを痛烈に実感し、「好きなだけ買っていいと自分に許そう」と決め、子どもたちに「今日は、好きなお団子を好きなだけ買っていいよ！」といいました。

貧乏マインドに慣れている子どもたちは、「本当にいいの？」と何度も聞いてきましたが、「いいよ、好きなだけ買って大丈夫！」というと、子どもたちは喜んで、あれもこれもと、食べたいお団子を注文。私も好きなだけ注文し、たくさんのお団子を買いました。

選び終わると、「合計１４０４円になります」といわれました。

そのとき、「私、１４０４円も持っているんだ」という喜びがわき上がってきたのです。同時に、今まで１４０４円も支払えない、と思っていたことにも気づきました。

家でお団子を食べるとき、いつもなら「少しちょうだい」と弟の分も食べようとするお兄ちゃんと、あげたくない弟の間でけんかになるのですが、みんなが好きなだけお団子を買ったので、兄弟げんかも起きず、親子で「おいしいね」といいながら、幸せな時間を過ごせたのです。満たされた気持ちからおいしさも倍増し、１４０４円に超絶な喜びを感じた瞬間でした。

もちろん、生活が苦しくなるほど無理してほしいものを買う必要はありませんが、毎日の買い物などで「これしか買えない」という思いが出てきたときは、無理なく買える範囲から、ほしいものを買う訓練をするのはおすすめです。

マインドとは「在り方」なので、無意識にそれを選んでしまいます。無意識を直すには、訓練するしかありません。

私自身もセール大好き、お得な情報大好きで、少しでも得したいと考えていた人間でした。けれど、そのたびに「私、お金が減ると思っているんだ」「私には、これしか買えないと思っているんだ」と立ち止まって気づく訓練の積み重ねで、ちょっとずつ変わっていったのです。

すぐに変われなくて当たり前。貧乏マインドが出たら、「豊穣マインドならどうとらえるか」と問い直すことを積み重ねていけば、必ず変わっていけます。

パートナーも豊かにする「豊穣マインド」

パートナーシップにおいて、男性は女性から喜びのエネルギーを受け取ることで、エネルギーが増幅し、勝手にお金が循環していくようになっています。

ところが、貧乏マインドの奥さんからは、旦那さんは貧しいエネルギーしか受け取れません。ですから、旦那さんのエネルギーは増幅しないばかりか、お金も増えてはいかないのです。

しかも、「お給料が少ないから節約しなきゃ」などといわれたら、旦那さんは奥さんのためにもっと働きたいとは思わなくなりますね。旦那さんのエネルギーはどんどん下がり、仕事もうまくいかず、そして困窮するようになってしまいます。

一方で、豊穣マインドの奥さんは、自分自身が満たされているので、たとえ家事や子育てが得意でなくても、家族をハッピーにすることができます。

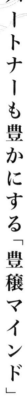

男性が女性から受け取りたいエネルギーは、「楽しそう」「嬉しそう」といった喜びのエネルギーなので、旦那さんはどんどんエネルギーが満たされていきます。

奥さんが「今日、これ買ったの♪　あなたのおかげだよ。いつもお仕事頑張ってくれてありがとう」と嬉しそうにしていたら、旦那さんは喜んでくれる奥さんのためにも、「もっと仕事を頑張りたい！」と思うようになるでしょう。そうして奥さんもどんどんお金を与えられる人になるのです。

私は、パートナーシップに関する講座も開催していますが、そこでは、男性性と女性性のエネルギーのしくみと、そのエネルギーを巡らせるレッスン法などを伝えています。

受講されている生徒さんの身に起こった話を聞くたび、その変化がすさまじく、エネルギーの使い方をもっとみんなに知ってほしい！　と本当に痛感します。

たとえば、家事をいっさいせず、いつも無愛想だった旦那さんが、積極的に家事をするようになったり、奥さんの誕生日にパーティを演出してくれたり、つき合ってから一度も奥さんに誕生日プレゼントを買ったことがないのに、なんでもない日にネックレスをプレゼントしてくれたりなど、驚くような変化が起こりはじめるのです。

この大変化からわかるのは、貧乏マインドを卒業して、豊穣マインドを身につければ、家族も幸せになっていくということ。

マインドを変えてエネルギーの使い方を知ることが、お金はもちろん、パートナーシップにおいても、最高の幸せにたどり着く一番の近道だということです。

老後が不安でお金を貯めても、不安は解消されない

一時「老後には2000万円の資金が必要」といったことが報道され話題になりましたが、実際、老後に不安を感じてお金を貯めている人も多いのではないでしょうか？

でも、老後資金が貯まれば、本当に安心できるのでしょうか？

いま不安に思い、老後資金を貯めている人は、おそらく老後になってもずっと不安です。不安を見る思考回路は、貯金の額が増えたとしても、変わらないからです。

反対に、いまあるお金で満たされる日常を感じている人は、老後も満たされて過ごすことができます。

つまり、老後を不安に過ごすか、幸せに過ごすかは、老後資金がある・ないではなく、いまあるお金で喜びや幸せを感じられる視点があるかどうか、にかかっているのです。

冷静になって考えてみてください。

今、30歳の人が65歳で定年を迎えるとします。

老後資金を貯めるため、やりたいこともセーブしながら35年間、節約生活を続けた人が、65歳になって、さぁやりたいことをしよう！　と思っても果たしてできるでしょうか。体力も落ちているでしょうし、若いときのような楽しみ方はできないでしょう。

大事なのは「いまをどう過ごすか」です。

まだきていない、どうなるかもわからない老後のために、いまやりたいことを我慢して節約したとしても、老後が安心できる保証はどこにもないことに気づきましょう。

人の命がいつ尽きるかは誰にもわかりません。

だからこそ、老後の安心のために貯めるのではなく、毎瞬、毎瞬、幸せな日常を築いていくことに集中してみてください。

老後を迎えたときに幸せな日常を築ける人間関係や経験を積んでいることのほうが、本当の安心を得られると思うのです。

不安から節約し、貧しさを感じて定年を迎えるよりも、いまあるお金の中で豊かさを感じましょう。満ちた感覚で迎える老後は、きっと安心と幸せを感じているはずです。

いま不安を感じるか、満たされていると感じるかで、老後の幸せが決まる

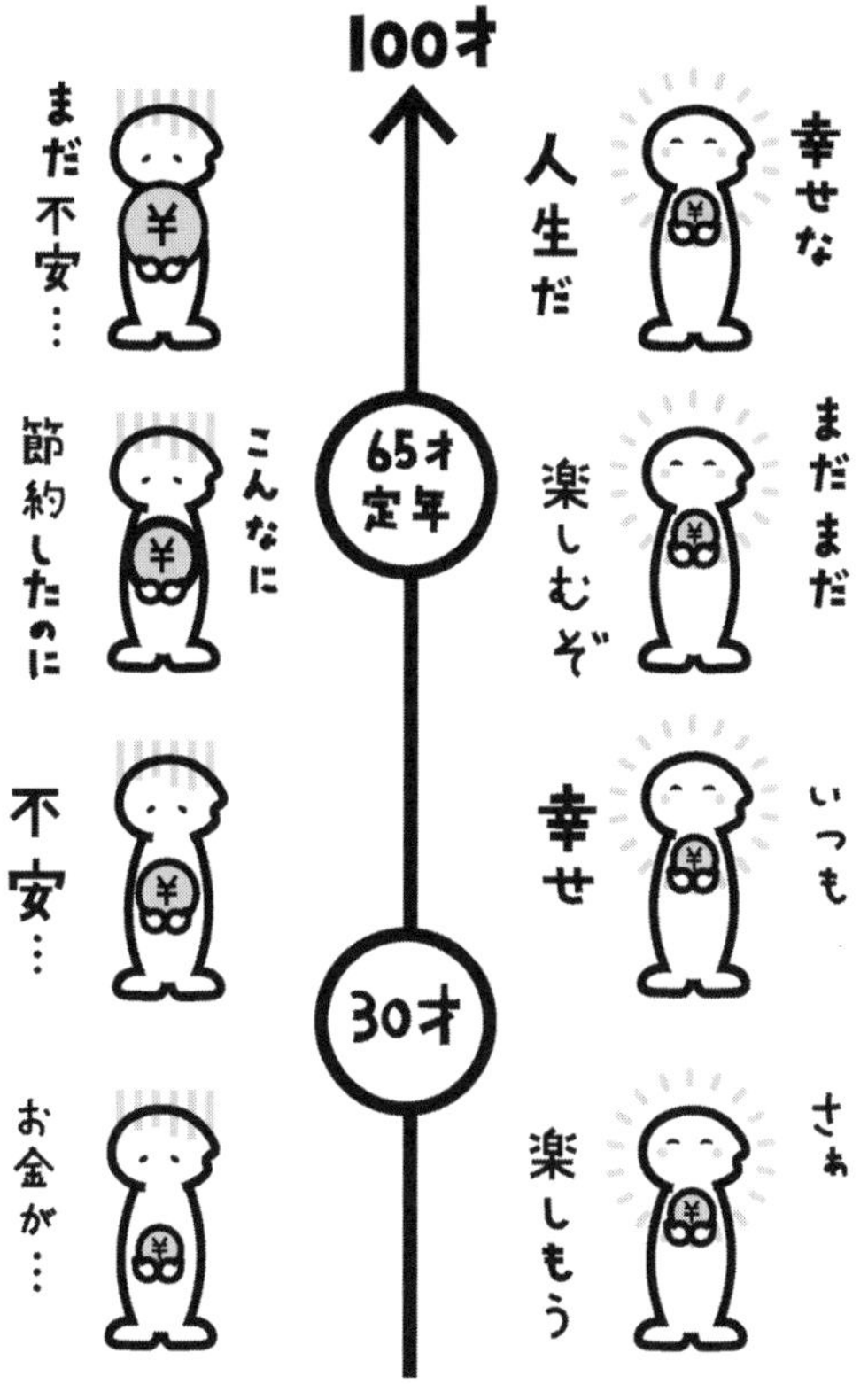

老後が不安で貯金をしても、老後に安心できる保証はない。いまを楽しんで幸せを感じながらお金を使うと、老後も満ちた感覚が継続される。

「お金の器」を育てる

毎月、10万円でやりくりしている人もいれば、100万円で生活している人もいます。入ってくるお金の額は人それぞれですが、これはお金の器の違いです。

お金の器とは、お金のエネルギーを受け取れるサイズのこと。

よく宝くじで高額当選した人が破産するといったことが起きますが、それは、お金の器が整っていないのに、大金を受け取ってしまったために崩壊する現象です。

お金の器を図で描くと、77ページのようになります。

器の真ん中にいるのは自分です。あくまでも中心は自分で、まずは自分を満たすためにお金をちゃんと使っていることが基本になります。

その上で、自分より少し外側にいる家族が幸せになるためにお金を使うことができているか、それから親、友人、同僚、地域の人……というように、自分に近い人から遠い人へと、どんどん器が広がっていきます。この器が大きくなるほど、お金の器が育っていきます。

お金の器を大きくしたいなら、お金の使い道を自分からどんどん遠くへ広げていくことが大事です。

ただし、先ほども話したように、器の中心にくるのは自分ですから、自分をないがしろにしている人は、お金の器を大きくすることはできません。

よくあるパターンは、心身の健康を犠牲にしてまで働いている人です。お金をたくさん得るために（器を大きくするために）働いているのかもしれませんが、自分を犠牲にしているので、真ん中に穴があいている状態です。これでは器からどんどんエネルギーが漏れ出ていってしまいます。

また、自分から距離が離れている人のためにお金を使える人は「貢献」という色が強くなります。器も大きくなり、その分、入ってくるお金も大きくなりますが、その途中にいる「親」や「友だち」など自分に近い人たちをないがしろにしてしまうと、そのお金のエネルギーは循環せず、ドバッと漏れ出ていってしまいます。

まず、自分と自分を支えてくれる身近な人に還元しながら、どんどん遠くの人にもエネルギーを与えていきましょう。すると、使いこなせるエネルギーも大きくなって、入ってくる量も大きくなっていくのです。

ちなみに、子どもに対してどこまでお金を使えばいいか、という質問をよくいただきますが、これも器の中心はあくまでも自分であり、自分を犠牲にしてまで子どもに費やす必要はありません。

自分を満たすのが先。その上で、子どもを喜ばせたいと思いながら、お金を使ってみると、子どものために一生懸命働きたいという思いが昇給につながったり、ご縁をいただいてそれが収入につながったりします。

そうして親が子どもから喜びのエネルギーを受け取ることで、エネルギーが大きく増幅されていくのです。

ただし、見栄で子どもにものを買い与えたり、教育費をかけたりする場合は、お金のエネルギーは増幅しません。子どもが純粋に喜び、親としても応援したいという気持ちで出すお金は、喜びのエネルギーを増幅させるので、お金の入口がどんどん広がるようになるのです。

「お金の器」を大きく育てる

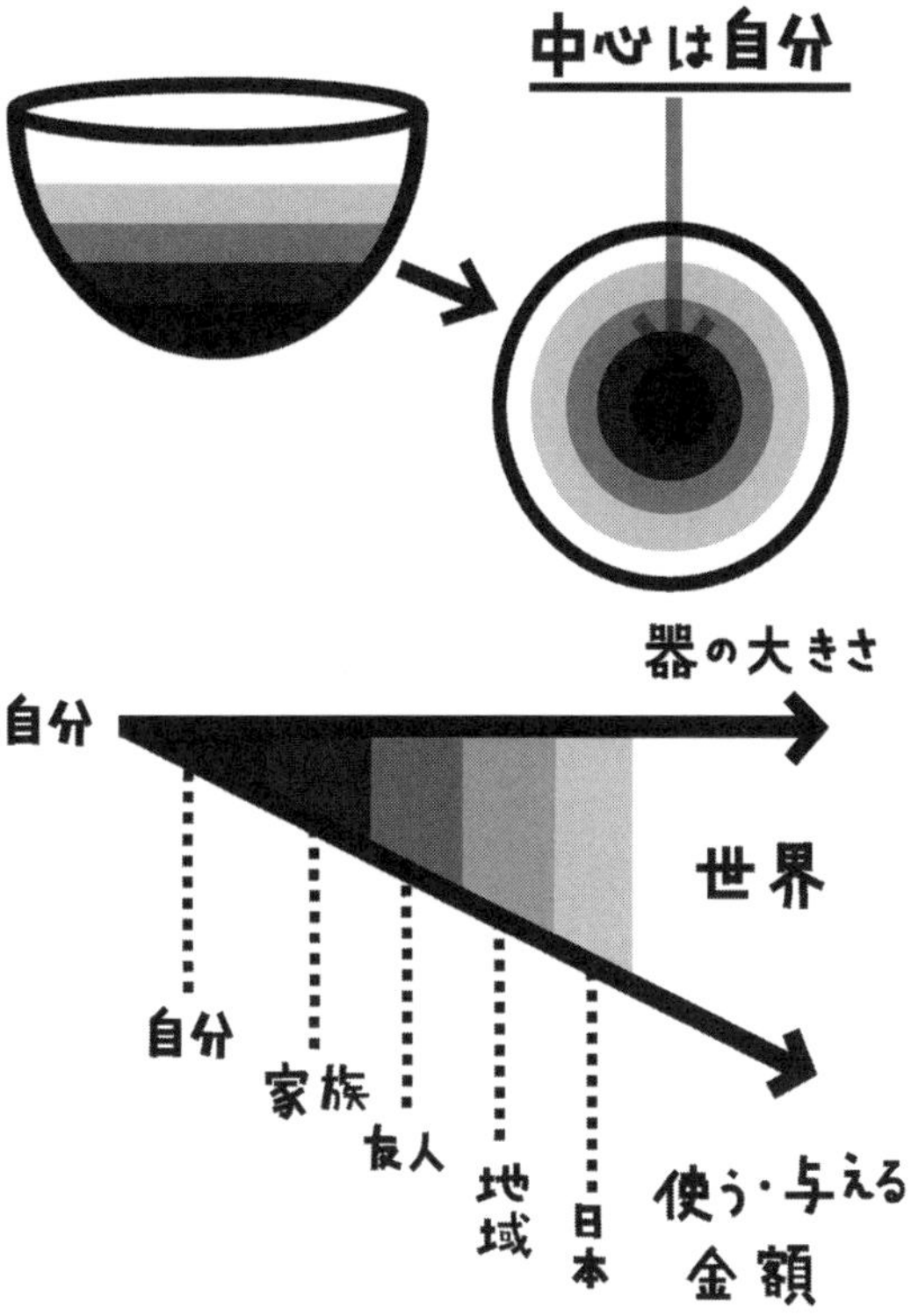

「お金の器」の中心は自分で、遠くの人にお金を使える人ほど器は大きい。ただし、自分を犠牲にしていると、どれだけ遠くへ広げてもエネルギーは漏れ出してしまう。

お金のエネルギーは本来軽い

「お金は頑張って稼がなければ増えない！」と思っている人もいるかもしれませんが、実はお金が循環するエネルギーは、とっても軽いものです。

たくさんの人を笑顔にしたり、幸せが感じられる何かを提供したり、自分自身がワクワクと面白がってチャレンジしていく中で、誰かに応援されたり、誰かの必要不可欠なものとなっていくなどして、お金につながっていくものです。

エネルギーの在り方、しくみを知れば知るほど、エネルギーの循環はとっても軽やかだとわかってきます。

私も最初からお金をエネルギーと思えたわけではありません。どちらかというと、人間不信で細かいことを気にするケチな性格です。でもそれが自分を苦しめていることに気づき、そういう自分でい続けることをやめたのです。

なぜやめられたのかというと、お金がほしかったからです。

お金を得ることは難しいと思っていましたが、エネルギーについて研究すると、思っていた世界と実際の世界は、まったく違うことがわかりました。

私の場合は、個人ビジネスをはじめた頃は、「失敗したらどうしよう」「成功できるかどうか不安」といった感情がつきまとっていました。けれど、エネルギーについて学べば学ぶほど、自分と目の前の人が喜んでいれば、エネルギーは増幅するものだと気づいたのです。

たとえ失敗したりトラブルが起きたとしても、その状況を笑える自分だったり、相手を喜ばせたり、楽しませたりするところに着地すると決めていれば、必ずいい方向に導かれるのです。

けれども、そのエネルギーの流れを信じることができず、不安になったり、損したくないというマインドになると、エネルギーの循環から外れるので、必要以上に努力して頑張らなければいけなかったり、それでも報われなかったりという現実を招くことになるのです。

お金のエネルギーを知れば、たとえ大損するようなことがあっても、その大損さえも笑える自分でいたら、そしてさらに目の前の人を喜ばせることができたら、必ずお金のエネルギーが満ちることがわかります。

そこがわかるようになると、安心してお金を出すことができるようになってくるでしょう。軽やかなエネルギーをまとうことができたら、抵抗なくお金のエネルギーの循環の中に身を置くことができるのです。

お金を得ることに必死にならずとも、楽しく生きやすくなっていくのです。

第3章

「お金の川」からどんどんエネルギーを取り入れよう！

「お金の川」からどんどんお金が流れ込む人とは

ここまでに、お金はエネルギーで、循環し増幅していくという話をしてきましたが、本章では、そのエネルギーを大きく循環させるために必要な、お金の「入口」と「出口」の話をしていきます。

まず、大前提として、誰でも目の前に「お金の川」が流れているということを覚えておいてください。「お金の川」には、無限のエネルギーが流れています。

お金を手にするとき（収入などを得るとき）、誰もがこの「お金の川」からエネルギーを受け取り、お金を手放すとき（支払いなどをするとき）は、常にこの「お金の川」にエネルギーが返っていきます。

つまり、「お金の川」には入口と出口があり、お金のエネルギーは自分を通過して、循環しているのです。

では、お金の入口からじゃぶじゃぶお金が入ってくる人と、そうでない人がいるのはなぜかというと、それはお金の入口と出口の大きさが、人それぞれ違うからです。お金の器の大きさによって、人が持つ（使える）金額が違うように、お金が入ってくる入口が大きい人もいれば、小さい人もいるわけです。

「お金の川」の流れに抵抗せずエネルギーを受け取れる人は、入口が広いため莫大なお金が流れ込んできます。このような人は、同時に出口も広いので、大きなお金を出し、大きくお金を循環させることができます。

たとえば、１００万円入ってきて、１００万円使った場合、自分の手元に残るお金は０円ですね。しかし、「お金の川」を信頼しエネルギーを受け取れる人は、１００万円分の豊かさが手元に残ることを知っています。

自分は大きなエネルギーの循環の中にいることを知っているので、入ってきたお金をそのまま流すことができるのです。

ところが、お金をエネルギーと見れない人が１００万円を手にした場合、手に入れた１００万円を失うのが惜しくて手放すことができません。「お金の川」を信頼していないので、自分自身を満たすために、お金を出せないのです。

第1章で「お金は減らない」とお伝えしましたが、「お金の川」を信頼していれば、お金はいくらでも流れてくることがわかります。さらに、**それぞれが持っている「お金の川」の入口と出口をエネルギーが通過すればするほど、世の中は豊かになっていくのです。**

事実、社会的には賃金が上がらない、物価が高騰しているなどの問題はありますが、俯瞰《ふかん》して見ると、20年前と比べて、生活の質は格段に上がっています。たとえば、スマートフォンはたいてい1台10万円以上もするのに、多くの人が持っているわけです。これは、人間の生活が豊かになればなるほど、この世界に流れているお金のエネルギーも確実に増えているということ。

目の前の「お金」という物質だけにフォーカスすると、手元からなくなったとき貧しい気持ちになりますが、お金はエネルギーであり、どのように流れ込んで出ていくのかという性質を知ると、安心してお金が自分を通過していくのを許せるようになるでしょう。

「お金の川」の入口と出口

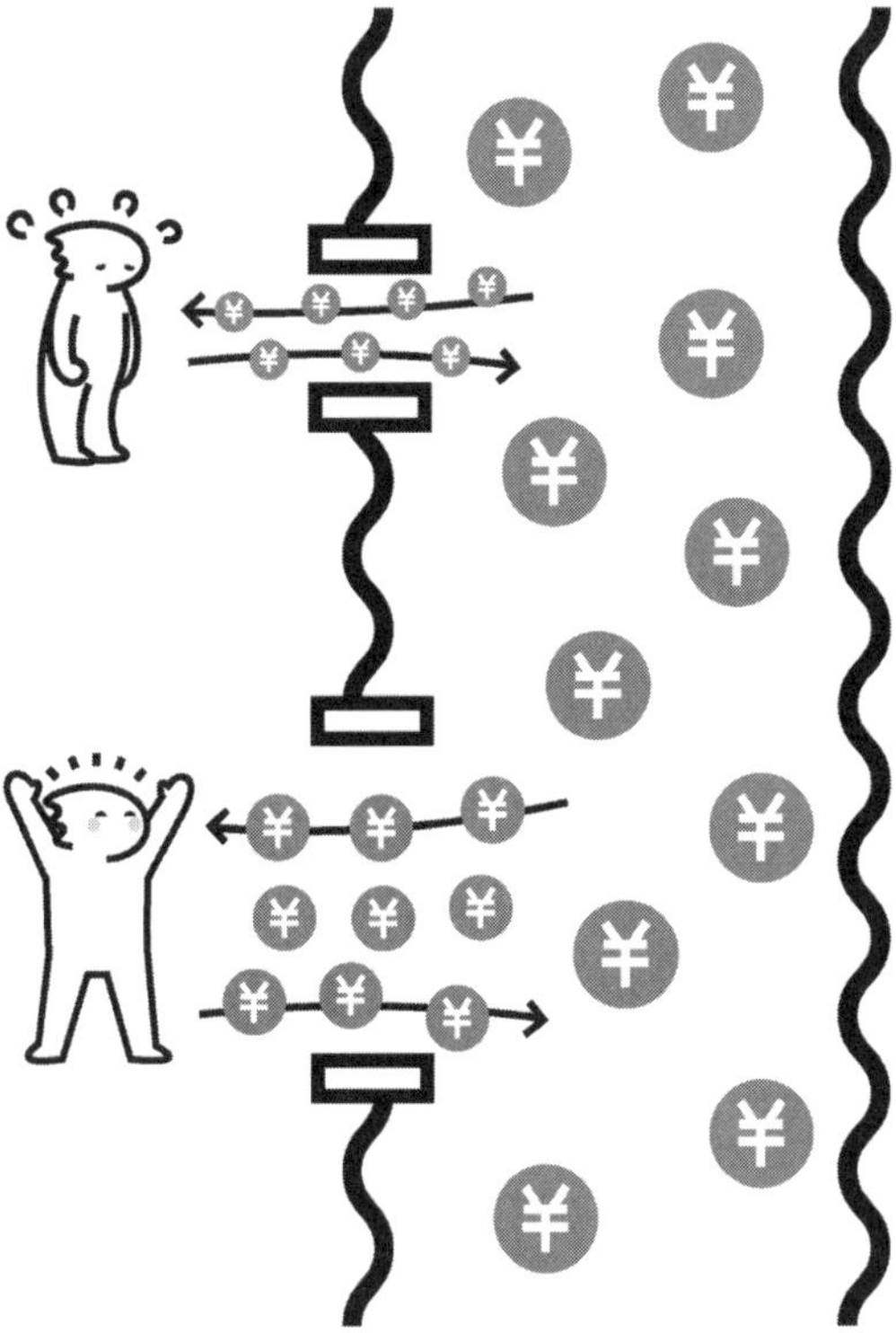

「お金の川」から、自分を通してお金を出し入れすることで循環が起こる。入口や出口の大きさは人それぞれ。大きい人ほど大きくお金を循環させることができる。

お金が入ってくる「入口」は3つしかない

「お金の川」に通じる「入口」は、どんな人でも3つしかありません。ということは、お金の流れを得ようとするなら、次の3つを意識すればいいということになります。

1　投資
2　ビジネス
3　もらう

ひとつ目の「投資」とは、お金がお金を循環させてくれるシステムです。お金を預けた先が働き、レバレッジがきいてお金が増えていきます。

一見、楽にお金が増えていくように思えますが、大きなリターンが狙える反面、大きなリスクもとらなければいけません。

投資の神様といわれる投資家、ウォーレン・バフェット氏のリターン率は、年利約20％だそうですが、プロの投資家は4〜5％を上げられたら成功といわれています。一般的に考えると、換金するとき手数料がとられますから、100万円の元手に対して、成功しても2〜3万円の儲けが妥当ということです。

投資でお金を増やすために、勉強代として10万円の投資セミナーを受けたとしたら、それで割に合わなくなる人がいるのも事実。投資に回す軍資金が豊富にある場合はチャレンジするのもいいですが、無理して手を出すより、ビジネスや労働で地道にお金の入口をつくったほうが、投資よりも確実に大きなお金を手にできます。

投資のしくみを知らずに耳障りのいい言葉だけ聞いてお金を預けると、増えるどころか元本割れを起こすこともしばしばありますから、気をつけてください。

2つ目の「ビジネス」は、人がお金を動かすシステムです。

労働して会社からお給料をいただく、起業などの場合はお客様を介してお金が運ばれてくるシステムで、無から有を生み出します。

お金は信用、信頼、愛、感謝に基づいて使うと増えると話しましたが、ビジネスにおいては、「お金＝信用の化身」ともいえます。

会社員の場合、取引先との仕事がうまくいくと個人の評価も上がりますが、信用は会社に担保されます。反対に、仕事でミスをすると個人の責任も問われますが、最終的な責任は会社が負います。

会社の信用度によって会社の規模や利益が変わり、その利益の中から従業員のお給料が支払われますから、お給料には限度があります。

一方で、起業など個人ビジネスやフリーランスの場合、仕事の成功も失敗もすべて個人が負い、同時に信用も個人についていきます。自分自身への信用が高まれば高まるほど、収入も増えていきます。

会社員の場合、年収1千万円を超える人の割合は、全体の4〜5％といわれていますが、個人ビジネス界を見ると、年収1千万円以上の人はもっと多くいますし、しかも限度がないので、自分次第でどこまでもお金の入口を広げることができます。

多くの人は「ビジネス＝商売」と思っていますから、商品やサービスを売るための策を考えがちですが、お金を得るためにもっとも大事なことは、「自分に信用をつけ

る」ことなのです。

とくに個人ビジネスは、自分に信用をつけないと成り立ちません。売るための方法をあれこれ考えているのに売上がいまひとつという人は、それがわかっていないといえます。

お金を増やす前に、まず自分の信用を築き上げていきましょう。すると、自然とお金が巡るようになるのです。

「与えている」から「もらえる」という循環

お金の入口の３つ目、「もらう」というのは、人が自分に与えてくれることです。もらうと聞くと、自分は何もしなくてもお金が降ってくるイメージがあるかもしれませんが、そうではありません。すでにお伝えしているように、お金はエネルギーですから、先に与えていないと返ってこないからです。

自分が人に先に何かを与えているから、人が自分に与えてくれるという環境ができるのです。

あなたは、周りの人に何を与えているでしょう？

それがお金である必要はありません。愛情を与える、感謝の気持ちを伝える、笑顔を与える、見返りを求めず無条件にただ与える……、それだけで人は与えてもらった人に何かを返したくなる生きものなのです。

もしあなたが人生の最期を迎えるとき、自分によくしてくれた人、愛情を感じる人に遺産を遺したいと思いませんか？　普段は音沙汰もないのに、突然、遺産相続の権利を主張してくるような人には、ちょっと眉をひそめたくなるでしょう。

お金のエネルギーは、つながる線のないところには流れません。線がないのに急に降ってくることはないのです。

まずは、自分が人に先に与える、人に貢献する、これをやり続けること。その積み重ねで、豊かさのエネルギーを享受できるようになるのです。

以前、私が洋服屋さんで店員をしていたときのことです。若い女性が服を探していたので声をかけると、「はじめてのデートに着ていく服を探している」と教えてくれました。

そこで、私がその女性の服の好みや彼のタイプを聞き、彼女がかわいく見えるフルセットをコーディネートしてあげたところ、彼女は喜んで、それを購入してくれました。

後日、彼女はそのはじめてのデートの日に、彼と一緒にお店を訪ねてきてくれたのです。しかも、お土産まで買って！

私自身は、その女性のはじめてのデートを目いっぱいかわいくしてあげたいという気持ちだけだったのですが、その気持ちを受け取った彼女から、お土産をいただくということが起こったのです。

これが「もらう」につながる循環です。

ただし、もらうことに関しては、コントロールできません。もちろん、もらうためには「先に与える」ことが必要ですが、先に与えたからといって、もらえることが確定するわけではありません。

もらうことを期待して与える、もしくは、自分からは何もせずにもらえることを待っている人もいますが、それで何かが手に入ったとしても、それは与えられたのではなく、奪っていることになってしまいます。ここを勘違いすると、お金の巡りが滞るので気をつけましょう。

巡ってきたお金は、抵抗なく受け取ることが大事

お金の入口、「もらう」についてもう少し説明しましょう。

人から「贈りものやサービスを与えてもらう」ことは受け取れても、現金を受け取るとなると、ハードルが高くなるという人もいます。

親きょうだいなどからお金を支援してもらうことに申し訳なさを感じてしまう人や、経済的に困っているのに生活保護をもらうのは恥ずかしい、と考える人さえいます。

それは、お金に対するイメージが悪いということ。お金にいろいろイメージを持っていると、お金を受け取ることに抵抗を感じます。

自分で働いて得た収入や正当な理由で得たお金は「いいお金」で、働かずに得たお金や、人の世話になってまで得たお金は「いけないお金」など、お金に勝手なイメージを持っていませんか？

もし、どうしても生活が苦しいのなら、一刻も早く生活保護をもらって生活を立て

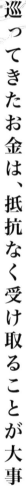

直し、その感謝の気持ちを社会に還元していけば、エネルギーはスムーズに循環していくのに、その循環を止めてしまっているということになります。

ものなら受け取れても、お金を受け取るとなると抵抗があるという場合は、お金のイメージを変えていきましょう。

子どもの頃、親から「お金持ちのあの家は、なんか悪いことをしているに違いない」「お金を持っていると、ろくなことにならない」などといわれて、「お金持ち＝悪人」と思い込まされてきた人もいるかもしれません。

しかし海外では、お金持ちはヒーローです。中には悪事を働くお金持ちもいますが、惜しみなく寄付活動をするなど、「お金持ち＝社会に貢献する人」というイメージが大半です。

専業主婦の中には、旦那さんからお金を受け取ることに対して抵抗がある人もいます。自分は働いていないのに、旦那さんのお金を使うのは申し訳ない、といった罪悪感を持つ人が多いのでしょう。

それは、お金を労働の対価と思っているからです。だから、働いていない自分はお金を得る資格がないと、罪悪感を持ってしまうのです。

何度もいいますが、お金はエネルギーです。信用、信頼、愛、感謝が巡るところに循環するエネルギーです。ということは、旦那さんが収入を得られるのは、愛や感謝に基づいた奥さんの存在、行動の結果ともいえます。

そのことに気づけたら、旦那さんからお金を受け取ることに遠慮する必要はないですよね。

「もらう」という行為も、エネルギーの循環のひとつです。巡ってきたお金は受け取らないとエネルギー交換ができません。お金を受け取り、それを循環させていくことで、お金のエネルギーは大きく拡大していくのです。

罪悪感は、お金の入口を狭くする

信用、信頼、愛、感謝に基づく行動の積み重ねでお金のエネルギーは増幅し、お金の入口も広がりますが、それとは正反対の詐欺集団に、大金が流れ込んでいるのも現実です。

それは、エネルギーの性質の側面として、罪悪感がないところに大きなお金が流れ込むという性質があるからです。

詐欺集団は、人をだましてお金を得ることに罪悪感がありません。お金のエネルギーを受け取っているので、お金の入口が大きく開き、大金も入ってくるのです。

しかし、やっていることは、信頼、信用、愛、感謝からかけ離れているので、お金が流れてきたとしても、一時的に過ぎず繁栄はしないと決まっています。

このことからわかるのは、**お金のエネルギーは罪悪感がない状態であればあるほど、流れ込んでくるということです。**

罪悪感とは、自分を罪人にする行為です。まずはお金を受け取ることへの罪悪感をなくしてみてください。

たとえば、友だちと行ったレストランで予想以上にお金を使ってしまい、手持ちが少ないことを友だちに伝えたところ、奢ってもらったとします。

奢ってくれたことに対して罪悪感を持ってしまうと、エネルギーは循環するどころか漏れていく一方です。けれども、奢ってくれたことに感謝し、喜びを持って次は自分がご馳走する機会をもうけたりすると、エネルギーを循環、増幅させられます。

相手から何かを与えてもらい罪悪感を抱いたときこそ、相手に感謝を返すタイミングなのです。

個人ビジネスをはじめたり起業するときに大切なこと

多くの人は、「お金」を受け取る入口として「ビジネス」を思い浮かべると思いますが、**ビジネスの種類は「教えること」か「代行すること」の2つしかありません。**

知識や方法を伝えるというのが「教える」で、誰かの代わりにその作業をするというのが「代行」です。

「教える」には、学校の先生やセミナー講師、ピアノの先生、スポーツのコーチやインストラクター などがあります。

「代行」には、タクシーの運転手やシェフ、ベビーシッター、介護ヘルパー、デザイナーなどがあります。さらには、「靴を○○円で磨きます」という靴磨きも、「1時間1000円で、あなたの話を黙って聞きます」というのも、「代行」といえます。

そう考えると、ビジネスはどこかの組織や団体に所属しなければできないことではなく、誰かが困っていること、求めていること、目の前の人がどうしたら喜んでくれるのかを形にすればできるのです。それだけで立派な個人ビジネスや起業ができます。

自分が興味や価値を感じることがあれば、仕事になる・ならないは関係なく、アクションを起こしてみるといいでしょう。

たとえば、お寺巡りが好きで、全国のお寺に行く機会が多い人なら、自分独自の視点でお寺を案内するサイトを作ってみるのもいいですし、ラーメンが好きで、全国のラーメンを食べ歩く趣味がある人なら、行った先のラーメン屋さんの紹介や感想などを綴《つづ》るブログをはじめてもいいですね。

こういうのがあったら楽しいな、といった自分のエネルギーが乗るものには、必ずそこに価値を感じる人がいるものです。それがきっかけで、出版社からコラムを書いてほしいと頼まれるなど、思ってもみなかった仕事につながる可能性もあるでしょう。

とはいっても、ビジネスをはじめると思うと腰が重くなるのなら、それはあなたがいま豊かである証拠。

そこまで切羽詰まっていないから、動かないだけです。そうであるなら、いまの豊かさをもっと堂々と感じてください。

パート勤務で月収10万円を稼いでいる女性クライアントさんの話です。彼女はお金を増やしたくて、月収のほとんどを貯金に回し、使わないようにしていました。貯めれば幸せになれると思っていたからです。

お金を稼ぐために個人ビジネスをしようと私のセミナーを受けにきてくれたのですが、お金とエネルギーの関係を知り、少しずつほしいもののためにお金を使いはじめるようになりました。そうしてちょっとずつ日常に豊かさを感じていったところ、あるとき、「いまのお給料で、日常を十分快適に過ごせるということに気づきました」と話してくださいました。

豊かさとお金は関係なかったことを実感した彼女は、結局、個人ビジネスをやらずに、パート勤務のまま幸せな日常を過ごしています。

いま手元にあるお金に豊かさを見る訓練、いただいているお給料で幸せや豊かさを感じる訓練をすると、取りたてて個人ビジネスをする必要はない、と多くの人が気づくでしょう。

私は個人ビジネスのやり方を教えていますが、エネルギーを循環させる方法のひとつにビジネスがあるに過ぎませんから、みんなが個人ビジネスをする必要があるとは思っていません。それでも起業を考えている人は、まずいまあるものに対するありがたみを感じられる感性を持って、ビジネスをはじめていくといいでしょう。

お金の無限ループを生み出す4つの「出口」

ここまでに、お金の流れを呼び込む「入口」について解説をしてきましたが、お金の「出口」も整えていく必要があります。

お金はエネルギーなので、どこにエネルギーを放っていくかが重要になるからです。

そこで意識してほしいのが、4つの「出口」。

1　**自分への有形物**
2　**自分への無形物**
3　**他人への有形物**
4　**他人への無形物**

「自分への有形物」とは、自分がほしいもの。

たとえば、服、バッグ、靴、アクセサリー、インテリア、車など、自分の外側を満たすためのもの。

「自分への無形物」とは、自分を心地よくするためのサービス。

たとえばエステや旅行、美容室、セミナーなど、自分の内側を満たし整えるもの。

「他人への有形物」とは、人への物質的なプレゼントなど形に残るものを贈ること。

「他人への無形物」とは、感謝の気持ちを伝えたり、旅行をプレゼントしたり、ご飯をごちそうしたり、クラウドファンディングに投資したりすることなど。


この４つの出口には、得意なところと、苦手なところがあるはずです。

お金のエネルギーを大きく循環させるためにも、まず一番抵抗を感じる苦手なところにお金を使ってみてください。


私の例でいうと、「他人への有形物」にお金を使うことは得意でしたが、「自分への有形物」にお金を使うことは苦手でした。

カツカツの時代に、一生懸命お金を貯めて元旦那さんに10万円のジャケットをプレゼントすることはできても、自分には１９８０円以上のＴシャツすらもったいなくて買うことができませんでした。

お金が巡るようになってからは、ブランドものの財布を持ちたいと思いつつも、なかなか自分の有形物にお金を支払えず、しばらくの間、数千円のお財布を使っていました。

また、エステや仕事の研修など「自分への無形物」へお金を出すことには抵抗がなかったのですが、自分に形あるプレゼントを贈ることが苦手だったので、ここを重点的に頑張ったのです。

そう決めてから最初に買ったのが、1万7000円のポール・スミスのTシャツです。1980円のTシャツすら買えなかった私にとって、1万7000円はとても高く、買うときも着るときも緊張したことを覚えています。

私の例のように、自分に対してお金が使えない人は、どれだけ他人にお金を出せても、エネルギーが漏れてしまいます。

74ページでもお話ししたように、あくまでも器の中心は自分です。

まず自分が満たされていないと、穴があいている状態なので、エネルギーが流れ出てしまうのです。

まずは４つの出口のうち、一番抵抗があるところにお金を出せるように意識して、４つの出口すべてにお金を使えるようになると、お金のエネルギーがどんどん巡るようになります。

そして、４つの出口すべてにお金を使えるようになると、さらに嬉しいことが起こります。

まず、自分への有形・無形物にお金を使うことで、外見と内面が磨かれるので魅力が増大します。

とくに個人ビジネスをする上で、魅力的であることは重要です。魅力的な人に対して、人は憧れを持ったり、会いに行きたいと思ったりするので、さらに豊かさのエネルギーが流れ込んでくるようになるでしょう。

また、他人への有形・無形物にお金を使うと、信用・感謝が増大します。

自分だけでなく、誰かが幸せになるために手放したエネルギーは、あなたへの信用・感謝として返ってくるので、自分も潤い、他人も潤うという循環が生まれるようになるからです。

この４つの出口を意識して、バランスよくお金を使っていけば、必ずお金のエネルギーは循環し、拡大していくのを感じられるようになるでしょう。

無限ループを生み出す４つの出口

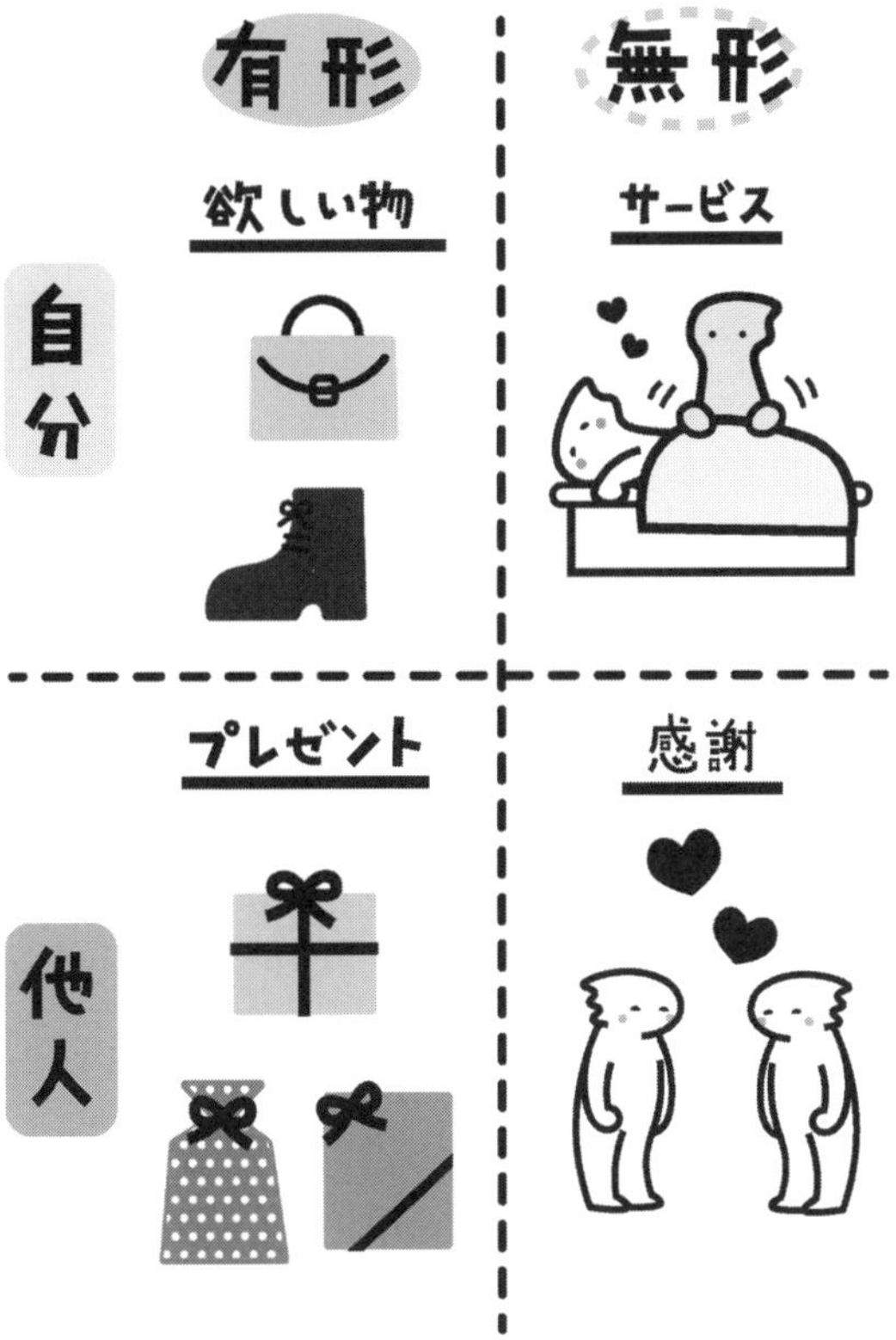

自分への有形物、自分への無形物、他人への有形物、他人への無形物の４つの出口に対して、バランスよくお金を使うと、お金のエネルギーは循環する。

受けた恩は「外側」へ返して、エネルギーを増幅させる

Aさんに感謝を感じているBさんがいるとして、BさんがAさんにお礼の品やお金、サービスなどを返すと、そこでエネルギーは終了します。けれども、BさんがAさん以外の別の5人に「Aさんのサービス、よかったよ！」と外に向けて返し、それを聞いた5人がそれぞれまた別の5人に「Aさんっていう、すごい人がいるみたい」と広げていけば、それは無限に広がっていきます。

このように、信用、信頼、愛、感謝に基づくエネルギーを、その相手ではなく、外側に流していくことでエネルギーが増幅し循環するシステムを、「おかげさまシステム」と呼んでいます。

相手から受けた恩をそのまま相手に返したり、自分が独り占めしたりすると、エネルギーは拡大しません。**この世界で大きくお金を動かしている人たちは、周りの人たちがその人から受けた愛や感謝を外側に向けて流していくことで成り立っているのです。**

受けた恩は外側へ返す

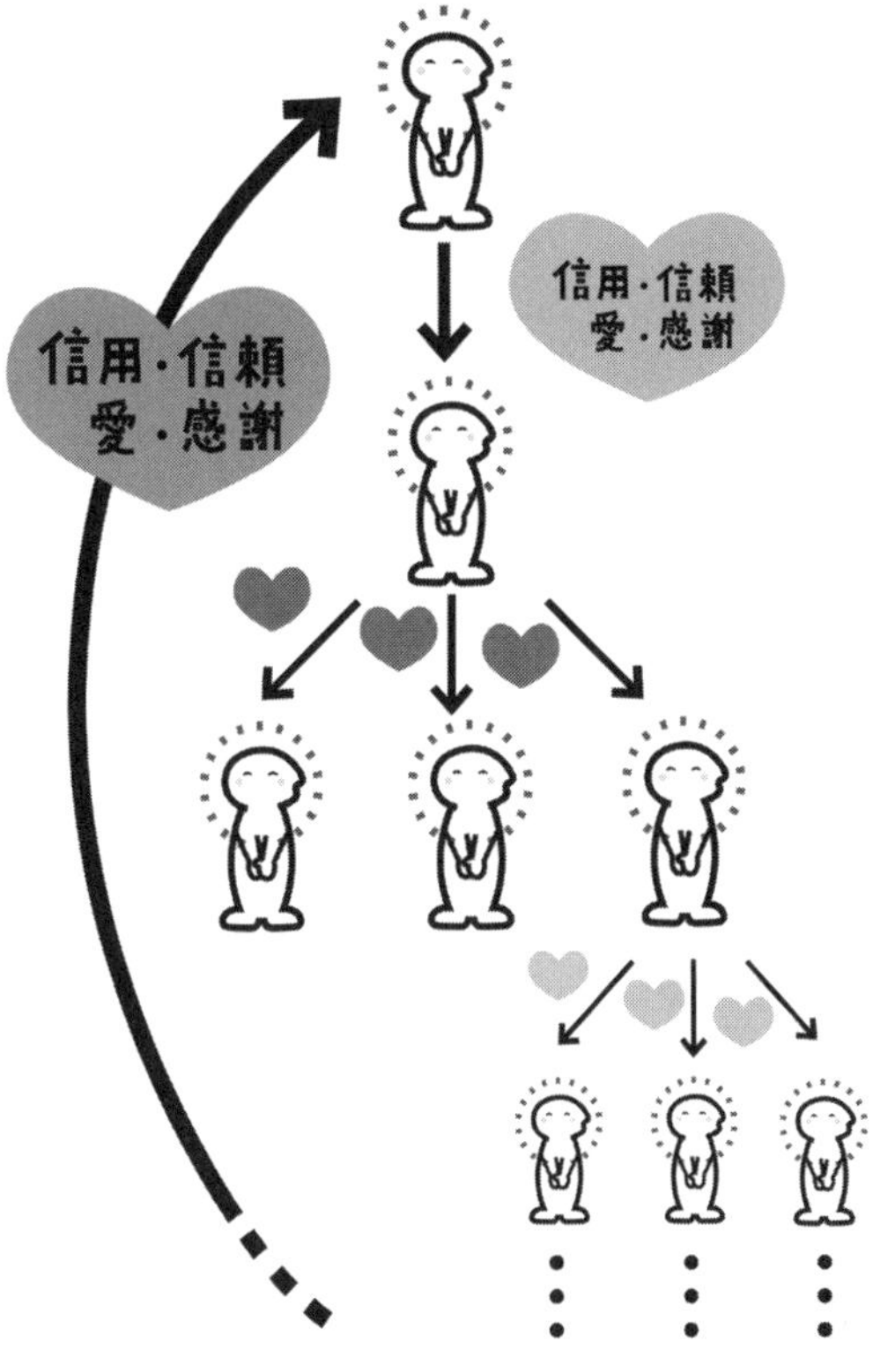

信用、信頼、愛、感謝に基づくエネルギーを外側に流すと、エネルギーは増幅し、大きくお金を動かせるようになる。

神社にお金を奉納するのはなぜ？

神社やお寺にお賽銭《さいせん》をたくさん奉納するほどお金が入ってくる、という話を聞いたことがある人は多いでしょう。けれど実際のところ、どれだけ大金を奉納しても、ご利益《りやく》としてお金が返ってくる保証はありませんよね。

それなのに、なぜ大金を奉納する人がいるかというと、今まで奉納したことのない大きな額を奉納することで、自分が今、お金に対してどれくらい執着心があるのかを検証できるからです。

たとえば、いつもお賽銭箱に1000円入れている人が1万円を入れるとなると、勇気が必要になります。こうして、執着心がわく金額を手放すことにより、お金への執着を手放すことができるのです。

私の場合は、何百年、何千年という歴史の中で神社を守り続けてきてくれたことへの感謝、そして、その神社に行きたいと思ったいまこの瞬間に足を運べる感謝、そして神社が後世にも繁栄してほしいと願う気持ちから、毎年ある神社に奉納させていただいています。

自分からお金が離れるとき、どんな気持ちを持ってお金を解き放つことができるか、ここがもっとも重要なポイントといえるでしょう。

最初は、大金を奉納することに抵抗があっても当然です。それでも、神社やお寺に行くたびお賽銭箱に入れる額を増やす練習をし、誰かの幸せのためにお金を手放せることが当たり前にできるようになると、自分の幸せのためにお金が入ってくることに抵抗がなくなるのです。

こうして、気がつけば大きなお金の循環ができるようになっていくのです。

お金は貯めるものではなく、貯まるもの

よく「なぜ、吉良さんはお金がなくなることに恐怖を感じないのですか？」と聞かれるのですが、それは、お金がなくなったらまたアルバイトをして働けばいいと思っているからです。

アルバイトで15万円稼ぐのがやっとだった頃、大阪の焼き肉屋さんのトイレの壁に「正社員募集　20万円保証」という紙が貼ってあるのを見て、「日本って働けばお金がもらえる国なんだ！」と思いました。それ以来、本当になんの心配もなくお金を使えるようになったのです。

さらには、エネルギーの存在、性質がわかればわかるほど、お金は自分を満たす体験チケットであり、「お金の川」は目の前に流れていると確信できて、いまではもう、貯めるということをやめました。

お金は貯めるものではなく、勝手に貯まるものだとわかったからです。

逆説的ですが、「貯めなければ」という発想は、自分でお金の入口と出口を制限していること。自分は豊かさを無限に受け取れると思い、感謝することが当たり前の生き方をしていれば、お金は必ず増えていくし、減らせないとわかります。

喜びを受け取れる自分、自分を満たすものとお金を交換できる自分など、すべてに感謝して信用を構築できるなら、お金は絶対になくならないし、余るようになります。「お金は貯まるもの」というマインドになれたら、お金が出ていくことは怖くないし、むしろ「豊かだな〜」と思えるようになるでしょう。

お金の不安から解放されたいなら、「お金は貯まるもの」というマインドでお金の入口を作り、信用、信頼、愛、感謝でお金の出口を整えておけばいいだけなのです。

ただし、入口を大きくして出口を小さくする、つまり、循環させずにいると、エネルギーが滞るので、いつの間にか減っていったり、本来貯められる量より減るといった現象が起こります。

たとえば、個人でエステサロンを開業し、軌道に乗って売り上げが上がっていったとき、売り上げが少ない月のためにと貯金するなどして滞らせると、サロンは発展しません。

売り上げが上がったときこそ、サロンの内装をきれいにする、お客様に出す飲みものやカップ&ソーサー、スリッパを心地いいものにする、スタッフのお給料を上げるなど、お客様やお店のスタッフに還元してお金の出口を広げていくと、お金のエネルギーが循環するので、さらに大きなお金が流れ込んで、貯まるようになるのです。

反対に、入口は狭いのに出口を広げると、当然ですが破産します。入口が狭くてお金が流れ込む余地がないのに、使いたいだけ使ったら、お金が手元からなくなるのは当たり前ですね。

お金の入口の整え方は次の章で具体的にお話ししますが、信用、信頼、愛、感謝にひもづいた生き方が土台となると、お金に愛されるエネルギーで包まれるようになるので、お金は自然と貯まっていくようになるのです。

第4章

お金の「入口」と「出口」を整える方法

自己受容は、お金を増やす大前提

この章では、実際にお金のエネルギーを生成して大きく循環させていくためのレッスンを紹介します。目の前にある「お金の川」からどんどんエネルギーを取り込むための「入口」と、大きく循環させるためにエネルギーを放出する「出口」があるとお伝えしてきましたが、この章では「お金の川」の「入口」と「出口」を整え、さらに大きくするためのレッスンをしていきます。

その大前提となるのが、自己受容ができているかどうか、ということです。

自己受容とは、等身大の自分を受け入れられること。１１９ページのイラストで説明すると、０が等身大の自分で、自己受容は０から下の部分を受け入れることです。

誰にでも陰と陽の両方があって、ひとりの人間です。その陰陽どちらも受け入れることが、自己受容です。

私の「陰」は、掃除が苦手、すぐ気が散ってしまう、運動ができない、小学生レベルの漢字しか書けないなどなど、他にもたくさんあります。一般的に考えると、部屋はきれいにしていたほうがいい、集中力があったほうがいい、少しくらい運動はしたほうがいい、漢字が書けないと恥ずかしい、などと思いますよね。

つまり、そのままの自分でいてはダメだと思っているからそう思うのです。

けれど、そんな自分の「陰」を否定しないこと。

否定しないとは、部屋をちらかしてもいい、気が散ってもいい、運動ができなくても漢字が書けなくても仕方ない、というふうに受け入れることです。

コンプレックスや苦手だと感じていることなどで自分を責めたり、罪悪感を持ったりする人がいますが、あなたにとっての陰の部分は、それを引き受けてくれる人と出会い、補ってもらうためにあるものです。

陰を受け入れると、等身大の自分を表現できるようになります。うまく見せる必要などなく、ただそのままの自分でいることで、相手に信用、信頼、愛、感謝がたまっていくのです。そのままの自分で問題ない、そう思えると、誰かの評価によって自分の価値が左右されることがなくなるので、自分にとって安心で心地よいと思える

「快」を追求できるようになり、エネルギーが巡るようになります。

一方、自己受容と似た言葉で「自己肯定」というものがあります。

自己肯定とは、左の図でいうと0から上の部分、「できてもできなくても、どっちでもいい」と受け入れ、「私ならできる」「私は素晴らしい」と思えている状態のこと。

自己肯定が持てるかどうかは、その人の性質によります。多くの人は、自己肯定感を高めなければいけない、と思っていますが、自己肯定感が低くてもエネルギーは満たせます。

私はもともとマイナスのところにいたので、自己受容の訓練をして0まで引き上げましたが、自己受容が完了したからといって、「私ならできる」とは思えません。思えなくていいのです。エネルギーの世界は、「ひとりひと宇宙」が満たされることで循環していきます。「こうしなければいけない」「ああしないとダメだ」といったジャッジを手放して、幸福で豊かで至福のエネルギーに抵抗せず乗ることができれば、どこまでも循環し拡大していけるのです。

まずは自己受容を徹底させる

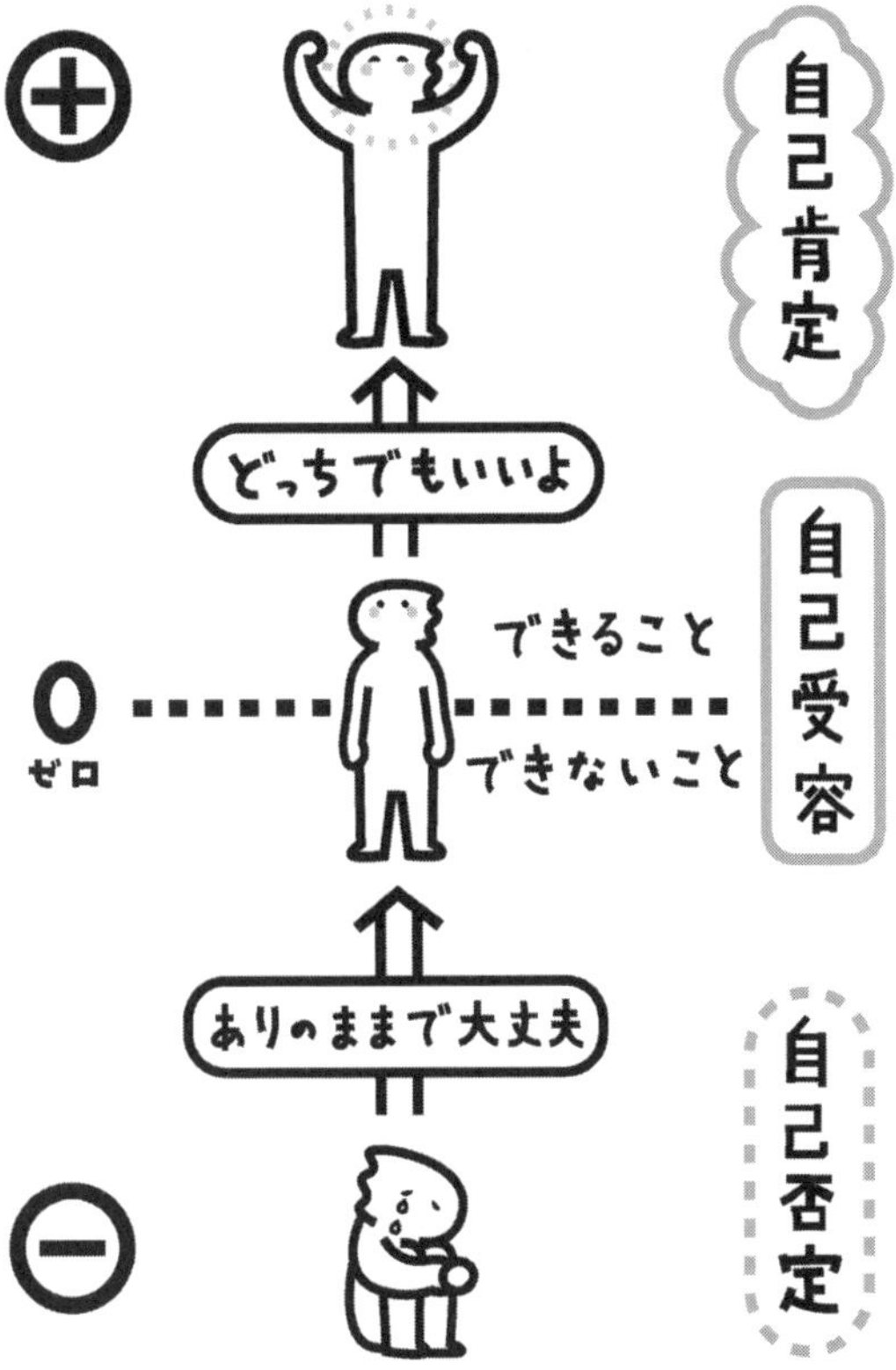

自分の陰を否定せず自己受容することで、はじめて等身大の自分を表現でき、お金のエネルギーは循環する。自己肯定感はなくてもエネルギーは回る。

エネルギーレッスン1【入口】

お金をエネルギーとして見るゲーム

ここまでにお金はエネルギーだと何度もお伝えしていますが、それがなかなか実感できない人もいるでしょう。

そこで、エネルギーとして見る遊びをしてみましょう。

たとえば、今日は100円、明日は1000円、明後日は1万円で、どれだけ面白いことができるのかチャレンジしてみましょう。金額を変えながら、今の自分にとって最大の面白いことを生み出してみます。

たとえば、100円で遊ぶ日は、100円玉を全部1円玉にして倒さずに積み上げる遊びをしてもいいですし、1000円を使ってチャレンジするときは、誰かを笑顔にすることでもいいですし、1万円のときは、1万円札を折って「1億円札」を作ってもいいわけです（笑）。

お金のエネルギーを増幅させられる人は、手元にあるお金がいくらであっても、面

白さをクリエーションできます。

そのお金を使って、みんなをどれだけ笑顔にできるだろうか、と思える人がお金のエネルギーの大きい人。

お金をエネルギーとして見られる人は、このワンアクションで誰を喜ばせられるか、どれだけ面白いことができるかといった発想がわいてくるのです。

幼稚に思えるかもしれませんが、こうした無駄な時間こそ、とても優雅な時間。「面白がり力」を鍛えていきましょう。それがお金をエネルギーとしてとらえ、ひいては「お金の川」に大きな入口を作るきっかけにもなります。

エネルギーレッスン２【入口】

リセールでわかるエネルギーの違い

エネルギーがお金に変換することを実感できる手軽な方法、それがリセール（転売）です。最近は、「メルカリ」や「ラクマ」など、インターネットを使って個人でもできる転売サイトが充実しているため、誰でも簡単に転売を経験できる時代になりました。

自分の持っている不要になったものをリセールし、それをほしい人が購入するというシステムですが、同じ商品を掲載していても、すぐ売れてしまう人と、いつまでも残っている人に分かれます。

その違いこそ、エネルギーの差です。

たとえば、本を売るとき、見栄えのいい写真とともに「この本に書いてあることを実践したら、私の人生に嬉しい奇蹟《きせき》が起きました！　次にこの本を手にした方にも、嬉しい奇蹟が起きることを願っています」という文章を添えたとします。

これと同じ本が他にも数冊リセールされていた場合、少し価格が高くても、この本を買ったほうがいいことが起こりそうな気がしませんか？

また、購入したあとの返信が早かったり、梱包が丁寧だったりすると、その出品者への安心感や信頼感が増すので、次も同じ出品者から買いたいと思うでしょう。

つまり、人は単純に、商品を値段だけで購入しているのではなく、その商品から発せられる安心や信頼といったエネルギーを受け取って、お金を支払っているのです。

またたとえば、ワンピースをリセールしたとします。

かつて、そのワンピースをなぜ買ったのかというと、当時はそれを着てウキウキした自分がいたからですよね。でも、もう不要になったというのは、ウキウキの感情を感じる必要がなくなったということですが、そのワクワクを他の人に伝えればいいのです。

この世界は「お金」がほしいのではなく、お金を使って「自分のほしい感情」を得て、遊んでいるだけなのです。

あなたのエネルギーをのせてリセールしてみると、本当にこの世界はエネルギーで動いていることがわかるようになるでしょう。

エネルギーレッスン3【入口】

嘘をつかない

これまで繰り返し、お金は信用、信頼、愛、感謝を感じるところに集まるとお伝えしていますが、では、信用、信頼を得るためにはどうすればいいでしょうか？

それは「嘘をつかない」こと。

私は「嘘をつかない」ことは人間の基本だと思っていて、自分に対しても、他人に対しても嘘をつかないことが前提です。

なぜ嘘をつくのかというと、自己受容ができていないからです。今の自分で大丈夫と思えないから、よく見せようとするわけです。

たとえば、食品の賞味期限が過ぎているのに偽装して販売していた、というニュースをときどき目にしますよね。もし、事前に正直に「賞味期限が近いけれど、大量廃棄になるのは悲しいことですし、まだ食べられるので、安く買っていただけたら助かります」といったなら、購入してくれる人はたくさんいるでしょう。

しかもそれがおいしかったら、嘘をつかず正直に話してくれたという信用と、おいしいという信頼からリピート客も獲得できるわけです。

嘘をつくというのは、今のままでは受け入れてもらえないので足りない部分を補おうと思っているからですが、本来、補う必要は何もありません。

できないことはできなくていいし、わからないことはわからなくていいのです。

多くの人は、今の関係（状況）が壊れることを恐れて嘘をつくわけですが、恐れのエネルギーではじめたことは、同じ恐れのエネルギーが返ってきてしまうので、結果的に、信用がなくなるなど失うことが多く、倒産などのトラブルを招いてしまうだけです。

自分に対して嘘をつかないためにも、ほしいものを「ほしくない」といったり、ほしくないものを「ほしい」といったりしないこと。

まず嘘をつかず自己受容をしていくことで、ありのままの自分を受け入れられるようになると、自分にも他人にも嘘をつく必要がなくなるので、ありのままの感覚をとらえる力（感度）もどんどん育ち、気づけばエネルギーが循環しているはずです。

エネルギーレッスン4【入口】

憧れを消す

私はビン詰めの鮭フレークが大好きで、いつも2個で398円のものを買っていました。その隣には、ひと瓶798円のいかにも高級そうな焼鮭のほぐし身が売っていました。398円の鮭フレークを買うたび、そのほぐし身をいつか買ってみたいと憧れていましたが、食べ盛りの子どもたちがいるので、398円の鮭フレークで十分と思っていました。

そんなある日、無意識に「高級な焼鮭のほぐし身を買うのはお金持ちだけで、私には買えないと思っている」という自分に気づいたのです。そこで、思い切って798円の焼鮭のほぐし身を買ってみました。

家に帰って恐る恐るフタをあけ、味わって食べてみると、「ん？　たしかに自然な味はするけど、期待したほどおいしいわけじゃない」と思ったのです。さらに味わうと、2個398円の鮭フレークのほうが、断然おいしいと感じました。

そのとき、いままで値段が高いものはおいしいと思っていたけれど、おいしいと感じるものと値段は関係ない、高いものがおいしいとは限らない、ということに気づいたのです。

それ以来、「これしか買えない」と思っていた398円の鮭フレークに対して、「これがおいしい♡ これが食べたい♡」と思って買えるようになりました。

こんなふうに、いつか食べてみたいと思っている憧れのものがあれば、まずは試してみるのがおすすめです。

1粒500円するチョコレートに憧れているのなら、1粒でいいのでそのチョコレートを買って、いつも食べているチョコレートと食べ比べしてみてください。目隠しをして食べると、より味を感じやすくなるかもしれません。

そうやって、ちょっと奮発したものを買って憧れを現実にしながら、本当に自分がほしいもの、おいしいと思うものはどれかを感じてみましょう。

値段ではなく、自分が「おいしい」「幸せ」と思う「快」に対して、大きなエネルギーは動くのです。

「高いものを食べているからおいしい」と思うのは思考です。エネルギーは、「おいしい、おいしくないを感じる力」。

憧れを消して、おいしいものと値段が高いものはイコールではない、ということを体感しながら、値段に騙されないレッスンをしていきましょう。

エネルギーレッスン5【入口】

特別をなくす

ブランドもののバッグなど高価なものであるほど、もったいなくて普段はしまい込んで特別な日にしか使わない、という人がいます。また、来客用のカップ&ソーサーは高価なものだけど、普段自分が使っているものは安もののマグカップだという人もいます。

使ってみて不便に感じるなら使わなくてもいいですが、せっかくほしくて買ったのなら、高価なものであっても日常で使ってみましょう。バッグはもちろん、カップ&ソーサーも来客用と自分用を分けず、日常使いしてみるのです。

このように「特別をなくしていく」ことで、日常から満たされる感覚を養えます。ほしくて手に入れたものを特別なものにすればするほど、自分の世界は安い適当なものでいいということになります。

先ほど話した「憧れを消す」ということも同様ですが、特別なものも憧れているものも、全部自分の世界に入れて、満たされることが大事なのです。

満たされることへの抵抗をなくしていくことで、エネルギーが巡り、世界から自分が満たされるチャンスが与えられるのです。


もっというと、憧れにフタをして、特別なものと自分の世界を分ければ分けるほど、その先に広がっている夢や可能性からは遠ざかってしまいます。

たとえば、ホテルのラウンジでアフタヌーンティーをしながら優雅な時間を楽しみたい、という憧れがある場合、まず頭によぎるのは、「お茶やお菓子に5000円も6000円も出すのは、もったいない」という感情かもしれません。

けれど、それをしてみたいと憧れの気持ちを持ったなら、お金という体験チケットを使って、チャレンジしてみるのです。すると、その先に「今度は○○に行きたい」「次は○○をしたい」といった、さらなる夢がわき出てきます。そして、それを叶えてあげることで、どんどん豊かさが巡ってくるのです。

自分がやってみたいことにお金や時間を投じるのをやめると、残念ながら、ワクワクを感じる感性が鈍っていきます。やってみたいと思ったことを、素直に経験してみることで、感性はどんどん開き、その先にあるもっと豊かな経験を実現していくエネルギーが増幅していくのです。

面白いことに、本当にほしいもの、ほしいことのためにお金や時間を使うと、心が満たされて満足するので、次々と高価なものを買おうとは思わなくなるものです。

もちろん、生活が逼迫《ひっぱく》してまでお金を投じる必要はありませんが、やりくりできる範囲でほしいものを一度は手にしてみる経験をすることは、とても大切です。

こうして、憧れを実現して叶えていくごとに、満たされる感性は小さな規模から大きな規模へと育っていくのです。

エネルギーレッスン6【入口】

怖さを乗り越えて、望む未来をつかむ

先ほど話した「憧れを消す」「特別をなくす」にも通じますが、お金の器を広げていきたいなら、自分にとってスタンダードになっている世界の限界を突破することが大切です。

私は2年前に、愛知県から東京のベイエリアの高層マンションに引っ越しましたが、それを機に、お金の巡りがどんどん大きくなり、ほしいものを手にできるようなありがたい生活になりました。

なぜ引っ越しがお金の器を大きくしたのかというと、私が住む環境のレベルが上がったからです。

愛知県で私が住んでいたところは、ハイブランドを持っているのは一部のお金持ちくらいでした。けれど、今のマンションの住人は、大人から子どもまで当たり前にハイブランドを身に着けていて、しかも、それを普段使いしています。

私はそれを見て、「ブランドものって、普段使いしていいんだ！」と潜在意識が書き替わりました。その結果、普段からブランドものを身に着けられるようになり、スタンダードな自分のエネルギーもそれにともなって増幅し、ビジネスも拡大していったのです。

おそらく、愛知の家に住んだままでは、今のようなビジネスのチャレンジはできなかったと思います。

自分にとって安心感のあるスタンダードの世界を突破するときに、怖さが生じるのは当たり前です。けれど、望む未来はその怖さを乗り越えたところにあるのです。

つかみたい未来があるのなら、怖さを乗り越えてでもそれを手に入れる選択をすると、次のステージが待っています。

エネルギーレッスン7【入口】

「もったいない」をやめる

外食をしたとき、もうおなかがいっぱいなのに、もったいないからといって無理して食べてしまうことがありませんか？

物質的な視点で見ると、残すのはもったいないので無理してでも食べたほうがいい、と思う人もいるでしょうが、エネルギーの視点で見ると、無理してまで食べることは、エネルギーの消耗になってしまいます。

豊かさを感じるエネルギーのひとつに、精神的豊かさがあることは前に話した通りですが、精神的豊かさは、完食するよりも残すほうが何倍もアップするのです。

親や学校の先生から「出されたものは残してはいけません」といわれてきた人も多く、残すことに罪悪感を抱く人もいますが、この世界はエネルギーで動いているので、**「もったいない」といって食べて苦しくなるよりは、ちょうどいい具合のところでご馳走様をして、常に自分を「快」に保っておくことが重要です。**

レストランの調理人など料理を作る人の立場からしたら、せっかく作ったものを残され、それを捨てるのはとても悲しい気持ちになると想像できます。でも、残されない工夫をすることもレストランの知恵です。

そもそも、食べられる量は人それぞれ違います。ですから、たとえば「当店の食材は生産者さんが心を込めて育てたものを使用しています。それを廃棄するのは悲しいことなので、少食の方はひとことお申しつけください」と添えてもいいですね。

これは、家族のご飯を作っているお母さんなども同じです。

せっかく作ったのだから、残さず食べてほしいと思うかもしれませんが、食べたい量や好き嫌いはそれぞれ違います。食材がもったいないと思うなら、どれくらい食べられるのかを聞いてから調理をしたほうがいいでしょう。

社会には常識と呼ばれる判断基準がありますが、本当はいい・悪いはなく、すべては自分が「快」と思うか「不快」と思うのか、そのエネルギーが現実を創造している

のです。

食事に限らず、もったいなくて捨てられないもの、もったいなくて挑戦できないことなど、「もったいない」がよぎったら、自分の快を選ぶ選択をしていきましょう。

自己犠牲のエネルギーは、世界から負荷を与えられ、自分の「快」のエネルギーは、世界から安心や快適を与えられるもととなります。

エネルギーレッスン８【入口】

好きなものを公言しておく

自分の好きなものを、普段から周りに伝えていますか？　これは、お金の入口を開き、エネルギーを循環させるひとつの方法です。

自分の好きなものを公言しておくと、誰かがあなたに贈りものをしたいときに、「○○さんが好きな△△を贈ろう」とすぐイメージがわいて、お金のエネルギーが舞い込みやすくなるからです。

私の例でいうと、「お花」と「スターバックス」が好きと公言しているので、何かあると大量にお花をいただきますし、一生無料で飲み続けられそうなくらい（笑）、みなさんからスターバックスのギフトカードをいただきます。

私がこよなく愛する駄菓子の『蒲焼《かばやき》さん太郎』に関しては、箱でいただくことも多く、こんなに好きなものに囲まれていいのか、と思うほど幸せを満喫しています。

友人のMさんは、とにかくあんこが大好き。おやつは羊羹《ようかん》、大福……といつもあんこを食べているので、Mさんと会うときは、あんこの入っている和菓子を買っていけば、必ず喜んでもらえます。それがわかっているので、**買うときも渡すときも、迷いがなく、その分ストレートに喜びのエネルギーが生成されるのです。**

そもそも、私たちは根本的に陰陽の陽のエネルギーを受け取って、陽のエネルギーでお返ししたいと思っています。

陽のエネルギーを返したいにもかかわらず、相手の好きなものがわからないと「嫌いだったらどうしよう」「迷惑だったらどうしよう」と悩みますよね。

感謝の気持ちがあるからこそ悩むのですが、せっかくのエネルギー循環のチャンスを逃してしまうことになったらもったいないと思いませんか？

だからこそ、値段に関係なく、自分のエネルギーが高くなるもの、もらって嬉しいと思うものを示しておくことは、エネルギーを循環させるためにとても大切な優しさとなるのです。

エネルギーレッスン９【出口】

「これでいい」から「これがいい」の買い物をする

自分の「快」を選ぶ選択が大事といいましたが、お金を使うときも同様です。その指標として、「これでいい」ではなく、「これがいい」の買い物をしてみてください。おそらく大半の人が、「これでいい」の買い物をしていることに気づくはずです。

たとえば、調味料、お菓子、野菜、ボールペン、コップ、お皿など、毎日当たり前に食べたり、使ったりするものに対して、「これでいい」を選んでいませんか？頻繁に買い直すもの、誰にも見せないもの、そういうものは「これでいい」になりがちです。でも、そういうものこそ、自分が満たされるものを買ってみるのです。

74ページの「お金の器」でも話したように、中心はあくまでも自分です。自分が満たされていないと中心に穴があいているので、エネルギーが漏れ出ていってしまうのです。

そもそも自分が満たされていないと、いくら誰かを喜ばせることをしても自己犠牲になってしまいます。

日常で自分が満たされることを、自分に許してあげましょう。

そのためにも「これでいい」ではなく「これがいい」と思う買い物をして、いらないものは買わないことを心がけてください。

ただし、誰かに評価されるために「これがいい」と思っていないか、気をつけましょう。

本当にほしいのか、それとも他人に評価されたいからほしいと思っているのかがわからなくなったときは、「誰にも賛同を得られなくても、それがほしいかどうか」「買ったことを誰にもいわなくても、それがほしいかどうか」を考えるとわかります。

誰にも賛同を得られず、「なんでそんなものを買ったの？」といわれても、それを持っていることに満足しているなら、その買い物は本当に「これがいい」と思ったエネルギーの高い買い物です。

私は買い物をしてもインスタグラムにも載せませんし、ただ家でそれを眺めながらニヤニヤしているだけです。

また私は、子どもたちが「これほしい」といってきたら、「本当にこれがいいの？」と聞き返します。それが、どんなものであっても、買うのであれば中途半端な買い物に1円もお金を出したくないと思っているからです。

私は、人生でほしいものは、全部手に入れると決めています。

決めたら、あとはエネルギーを生み出すだけ。そうすれば、お金が減ってしまうという不安はわきません。

ほしいものを手に入れ、一つひとつ愛着があるものに囲まれて生活していると、心地よいエネルギーで満たされます。その結果、どんどんアイデアもわいてくるし、いいご縁にも恵まれるようになります。

自分を満たすための買い物をしてみてください。自分を満たさないものは買わない、それくらいの覚悟を持つと自分が満たされ、エネルギーは拡大していきます。

エネルギーレッスン10【出口】

「必要か・必要じゃないか」「ほしいか・ほしくないか」を自分に問いかける

ほしいものに出会ったとき、買うか、買わないかで迷うことってありますよね。

そういうとき、私はそのほしいものが「必要か・必要じゃないか」「ほしいか・ほしくないか」と問いかけます。

先日、ある時計に一目惚れしてしまいました。そもそも私は時計を身に着ける習慣がなく、時計の機能にはいっさい興味がありません。けれども、その時計は文字盤の周りに素敵な蛇のあしらいがあって、そのデザインに一目惚れしてしまったのです。

ほしい衝動に突き動かされましたが、その値段の高さに目を見張り、店内で自問自答すること30分。「必要か・必要じゃないかといわれたら、必要じゃない……。けれど、ほしいか・ほしくないかといわれたら……ほしい！」

日ごろ腕時計を着ける習慣がない上に、その時計のデザインは奇抜で、着けていく場所も限られる。そもそも腕時計にまったく興味がない私ですから、人生で究極の無駄にお金を支払う選択を迫られたわけです。

でも、この時計を身に着けた自分をイメージすると、ワクワクが止まりません！

これまでにないエネルギーの爆上がりを感じ、もうこれは買うしかないと腹をくくり、購入しました。

必要じゃないけれど、ほしい。そう思ったものは、本当にほしいものです。

これは、日々の生活でも同じです。たとえば、閉店1時間前のスーパーは、お惣菜が半額で売られていますが、私はよく半額のお惣菜を買います。

それは、値段が高い・安いに関係なく「それがほしい」から買うのです。

このように、自分が満たされる買い物をすることが、エネルギーが増幅する秘訣《ひけつ》です。

エネルギーレッスン11【出口】

お金を使って、与える喜びと受け取る喜びを知る

90ページで「もらえるのは、先に与えているから」と話しましたが、お金を受け取ることに抵抗がある人は、自分は何も与えていないと思っています。

そこで、意識的にお金を使って、誰かに与えることをしてみましょう。

たとえば、仕事帰りに家族のためにケーキを買って帰る、友だちにちょっとしたプレゼントを渡す、いつもお世話になっている人に食事をご馳走するなど、なんでもかまいません。

与える経験から受け取ってもらえる喜びを知ることで、受け取ること（もらうこと）も相手へのギフトであり、与えることも幸せだと理解できます。

受け取ることも、与えることも自分に許すことで、循環のエネルギーを感じられるようになるのです。

お金が増える人は、自分がお金を使うことで、自分も喜ぶし相手も喜ぶというエネ

ルギーを見ています。

自分が使うお金の喜び先を見ることができるようになれば、お金は増えるようになるのです。

どんなに小さなことでもかまいません。与えることへの抵抗を捨ててみましょう。すると、もらうことへの抵抗も手放せます。

お金を使うときというのは、誰も喜ばせることなく使うのか、自分や誰かを喜ばせるために使うのか、そのどちらかしかありません。

お金はどのように使っても物質的には減っていきますが、誰のためにどんな使い方をするかで、生み出されるエネルギーには雲泥《うんでい》の差が生じるのです。

ですので、お金を使って誰かを喜ばせることをしてみましょう。

自分と誰かの笑顔のために与えられる自分になれたとき、お金のエネルギーは増幅し、受け取る喜びを相手にも与えられる自分になっているはずです。

エネルギーレッスン12【出口】

お金を使わずに「得たい感覚」を先取りする

いま、お金がたっぷりあったら、何をしたいですか？

それを書き出してみてください。たとえば、「南の島に行きたい」「快適な家に住みたい」などなど。

では、それをして、何を得たいですか？　南の島に行って何もせずリラックスしたいということかもしれませんし、新築の一軒家に住んで、心地よい空間で生活したいということかもしれません。

たしかに、お金がないと南の島にも行けないし、快適な家にも住めないかもしれません。でも、そこで得たい経験は、お金がなくてもできることばかりです。

たとえば、昼下がりにベッドに寝転がり、心地いい音楽を流してワインでも片手に優雅な時間を過ごしてみてください。南の島ではなくても、同じような感覚を得ることは可能です。

また、部屋にある不要なものを捨てて、模様替えをしてみるのもいいですね。新築の一軒家ではなくても、同じような快適な空間を作ることはできるはずです。

多くの人は望みに対して「お金があれば」という条件をつけますが、実はお金がなくても、得たい感覚を体験することは可能です。そこに気づければ、いまこの瞬間にその体験が実現できるのです。

「得たい感覚」にフォーカスしてみると、**お金があったらしたいことと、お金がなくてもできることは同じことなのです。**

そして、そのことに気づいてアクションを起こした人から、お金のエネルギーが循環するようになっているのです。

ここがわからないと、お金を持っても何も変わりません。

エネルギーの世界は感性、感度が大事なので、1000円で幸せを感じられる感性が育っていない人は、100万円あっても1000万円あっても、幸せを感じられないのです。

そして、お金を使わなくても、同じ感覚が得られるとわかると、「お金があったら」という前提条件がなくなり、いまできることにフォーカスする癖がついていきます。

感性を育てるには、116ページで話した通り、自己受容が欠かせません。「いまの自分ではダメだ」という自己否定があると、欠損の埋め合わせにエネルギーを使うので、現実世界でも欠損を生んでしまうからです。

「いまの自分のままで何も問題ない」という視点に立って、自分の「快」「不快」にフォーカスしていく。そうして、自分に嘘をつかず生きていると、感性はどんどん育っていくので、お金の額に関係なく、いまを楽しめるようになります。

これができると、感性が高まり、大きなエネルギーが動いて、夢を叶えるためにご縁や情報がつながり出すなど、現実がフィッティングされていくようになるのです。

エネルギーレッスン13【出口】

いまあるお金で望む体験をする

「お金があったらやりたいことリスト」を作ったら、次は望む体験をすることです。
先ほど、お金がなくても得たい経験は得られるといいましたが、望む体験をいまできる範囲で体験すると、宇宙は自分が本当に望んでいることを贈ってくるのです。

たとえば「お金があったら1泊10万円の高級温泉宿に泊まってみたい」という願望がある場合、1泊5000円でもかまわないので、いまあるお金で泊まれる温泉宿で楽しい時間を過ごしてみるのです。

そのときのポイントは、5000円の宿に泊まっているいまを「最高！」と思いながら、「10万円の温泉宿に泊まれたら、もっと最高の気分なんだろうな～」と妄想し、いつか必ず10万円の温泉宿に泊まろうと決めることです。

すると、いますでに望む体験をしているので、10万円の援助がどこからか入るようになるのです。

私はこの法則を確信しているので、お金がなくても見切り発車で、ほしいものが売っているお店に行き、購入できなくても、実際に見たり、触れたりしています。

現時点ではほしいものが手に入らなくても、望む体験を自分にさせることで、宇宙からのプレゼントが贈られてくることを知っているからです。

日常で宇宙からのギフトを受け取りたいのであれば、ほしい未来をバチッと決めて、いまできる範囲で望む体験をすること。

すると、それに必要なお金が入ってくるようになるでしょう。

エネルギーレッスン14【出口】

夢を確定させて、その夢が叶うことを自分に許す

あなたの夢はなんですか？

夢を実現させるためにお金が必要ならば、お金のエネルギーをどんどん循環させたいと思いますよね。

そのためには、自分が望む状況になることを、本気で許すことが大事。

82ページで、私たちの目の前には「お金の川」が流れているといいましたが、「**お金の川」から現実世界にどれだけお金のエネルギーを流し込めるかは、やりたいことを明確にし、自分をどれだけ幸せで豊かにすることを許したか、というその大きさによります**。

たとえば、ZOZOTOWNの社長だった前澤友作さんやホリエモンこと堀江貴文さんは大きなお金を使っているイメージがありますが、彼らのところになぜお金が集まってくるのかというと、彼らはやりたいことを確定させて、それが現実になること

を自分に許しているからです。

前澤さんは宇宙に行きたいと公言して実際宇宙に行きましたし、ホリエモンは宇宙時代を見据えてロケット開発をしています。彼らはやりたいことを口に出し、それを本気で周りに伝えています。だからこそ、その夢に賛同し、投資してくれる人が増えて、お金が集まるようになっているのです。

このように、夢を確定させ、自分がその夢を許した大きさで、流れ込むお金のエネルギーが決まるのです。彼らに対して、いろいろな意見もありますが、それでも本気で取り組んでいる姿を見て、応援してくれる人は出てくるのです。


反対に、やりたいことを自分に許していないのに、「お金がほしい」といくらいっても、それはお金のエネルギーとなって循環してきません。

たとえば、子どもに「車がほしいから買って〜」とねだられたとします。子どもの日常を見てみると、稼いだバイト代は全部遊んで使ってしまうし、家では手伝いをする様子もない。これでは、子どもに車を買ってあげたいとは思いませんよね。

一方で、ほしい車を調べたり、試乗に行ったりしながら、アルバイト代を貯め、親の助けになりたいと手伝いも積極的にしていたら、親としては車を買うために援助したくなるでしょう。

こんなふうに、お金がいま手元にある・ないにかかわらず「これをやってみたい」「これがほしい」と、その夢を受け取ることを自分に許し、その本気さが周りに伝わっていくと、エネルギーの循環に乗って、お金が流れ込んでくるようになるのです。

これがお金のエネルギーをまとうということです。

そして、そのエネルギーが「お金」に変換されるときに必要なのが、信用、信頼、愛、感謝です。大きな夢を話してはいても、誰に対しても信用、信頼、愛、感謝が生まれていない人には残念ながらお金は集まりません。

望む未来を確定させて、それを自分に与えることを許した上で、信用、信頼、愛、感謝を生み出している人のもとに、資金は集まってくるようになっているのです。

「ひとりひと宇宙」が確立されると、幸せで豊かに生きるためのデータが宇宙から降ろされるようになっています。

自分を幸せにすると決めて、「ひとりひと宇宙」を生きるようになると、自分の本心からの願いがわかるようになるので、その波に乗れるようになり、必ずそれを実現するために必要な豊かさも巡ってくるのです。

そもそも宇宙には「お金」という概念がありません。夢（やりたいこと）を叶えるのに必要なもの（エネルギー）が与えられる、というシステムで「お金」はその一部を担っているだけです。

やみくもに「1億円がほしい」といっても、何に使うか確定していなければそれは夢物語の数字なので叶いません。エネルギーは、本気の熱量にしか動かないのです。

この世界は、自分が確定させた状態から1ミリもずれません。

お金を手にする前に、自分が本気で叶えたいのはどんな夢なのか、そのためにどれくらいお金が必要なのかをきちんと考え、そして、その夢のために信頼を積み重ねながら生きていきましょう。

そうすることで、必要なお金が流れ込んでくるようになるのです。

第5章

「マネー・エネルギー」の流れを読んで永遠の豊かさに包まれる

富を所有する時代から、エネルギーを循環させる時代へ

ひと昔前は、お金持ちというと豪邸や別荘を持っていたり、広大な土地を持つ大地主だったり、高級車を数台も所有していたりというように、富を所有している人のことをいいました。そしてそれは同時に権力につながっていきました。

勝ち組になるにはお金が必要で、お金を持っている人が圧倒的に強い時代。そのため、お金を持っていない人たちはお金のある人（大企業）のところに流れ、お金を得るためには、それらの下で「労働力」として働くしかありませんでした。

「お金を持っていること＝信用・信頼」だったので、お金を持っている人しか新しい経済を生み出したり、チャレンジすることができない時代。それが物質的な豊かさや、目に見えるものに価値を置くいわゆる「地の時代」だったのです。

ところが、いま、目に見えない世界や精神性に重きが置かれる「風の時代」になり、

お金を持っているだけでは力を持てなくなってきました。

その代わりに登場したのが、お金を持っていなくても、お金を動かせる人です。お金を動かして循環させられる人が、お金持ちになってきたのです。

たとえば、ユーチューバーといわれるような人たちは、その典型ですね。どこにでもいる普通の人が人気ユーチューバーになり、何億と稼ぐ人も現れていますが、彼らが集めたものは何かというと、お金ではなく人気です。

人気とは、「人の気」と書きます。つまり、人気者とは、よくも悪くも人の気を動かせる人のことで、人の気を動かせるからこそ、お金も循環するわけです。

ただし、いくら人の気を動かせるとはいっても、永続的にお金を生み出すには、信用と信頼が必要です。

ひと昔前は、お金を持っていることが信用と信頼につながっていましたが、いまはインターネットやSNSなどの発達により、世界中のあらゆる人や情報とつながれる時代になったことから、お金がある・なしに関係なく、信用・信頼関係が構築されるようになりました。

つまり、お金を持っていることが信用・信頼につながっていた時代から、信用と信頼の積み重ねで、お金を生み出すことができる時代に変わっているのです。

インターネットがなかった時代、より多くの人に何かを訴えるには、新聞やテレビ、ラジオが有効でした。でも、それにはお金がかかります。そのため、一個人と大企業を比べたとき、お金を潤沢に保有している大企業にかなうわけもなく、一個人の声はごく少数の人にしか届かないのが現実でした。

しかし、いまはインターネットやＳＮＳを通して世界とつながることが可能になりました。お金持ちかどうか、学歴がどうかなどはまったく関係なく、ごく普通に生活している人が、ＳＮＳなどで何百万人もフォロワーを持っているなどは珍しくありません。

信用と信頼を積み重ねた上で、人の気を動かせる人。そんな人が、これからの時代において、お金のエネルギーを大きく循環していくようになるのです。

経験値が多いほど、お金のエネルギーも大きくなっていく

エネルギーというのは、形のある物質は重く、形のないものは軽くなりますが、お金のエネルギーが、「所有」から「人気」に変わってきたということは、物質を所有する重いエネルギーから、人の気を動かす軽いエネルギーに変わってきたということです。

では、人の気を動かす気とは何かというと、面白さや楽しさ、豊かさなど。

「なんか面白そう～」「この人のアイデアって楽しそう～」「なんだか満たされる感じがするな～」といったエネルギーを感じるところに、価値が見出されるようになり、そこにお金が流れるようになってきたということです。

ここが理解できるようになると、所有していることよりも、面白い体験をしていたり、さまざまな経験をしていたりする人のところに、お金のエネルギーが動くことがわかるでしょう。

たとえば、安い食材でかんたんに、どれだけおいしい料理を作れるかといったリール動画がバズったりして、そこから人気になることもあります。

お金をかけたからとか、手間をかけたからとかではなく、面白おかしい独自の情報に対して、人は「もっと見たい！」と思い、つまりは人の気を動かせるようになるわけです。

これからの時代、お金を動かしたいのであれば、ものを所有するために頑張るよりも、**面白いこと、自分が興味あることをやってみるといった、経験値を増やすためにお金を使うことがポイントです。**

実際、服も家電も生活用品も、さまざまな種類があふれ、ある程度のお金があれば買える時代になりました。ものがあふれるいま、所有することにさほど魅力を感じなくなっている人も多いでしょう。

もちろん、お金はないよりはあったほうがいいのですが、持っていなくても経験値や面白さなどが、これからの時代の資本になり得るということです。楽しみながら経験を積むことで、お金のエネルギーという資本が増えていくのです。

満たす時代から、創造の時代の到来

日本に住んでいてこの本を読んでくださっている方たちは、基本的には生活するのにあまり困らないで暮らせているのではないでしょうか。

食べものや着る服がなくて困っていたり、携帯電話やパソコンを持てずに困っていたりという状況にある人は少ないでしょう。

戦後、日本は貧しく、生きることに必死な時代が続きました。贅沢なんて夢のまた夢で、日々の食料を調達することがやっとだったのです。

けれど、時が過ぎ、時代が変わるとともに、衣食住に困る人が少なくなり、満たされる環境が整っていきました。

つまり、いままでは不足している状態、満たされていない状態を埋めるためにお金が使われてきたのですが、いまの時代は、満たされたベースの上にエネルギーを放てる豊かな時代となったのです。

これから先、さらに満たされている状態から、さらなる楽しさ、さらなる面白さ、さらなる豊かさを感じられるようなところに、お金は流れ込んでいくでしょう。

不足感が蔓延《まんえん》していたこれまでの時代は、高額なものほど価値があるとされ、「高額なものを持っている人はすごい！」といわれました。けれど、これからは高額なものを所有したり、セレブがしているような経験をしたりすることに、魅力を感じる人は少なくなるでしょう。それよりも、自分のエネルギーが動くもの、そこに価値を見出していく時代になるのです。

たとえば、私ならホテルのラウンジでカクテルを飲むよりも、家で駄菓子の『蒲焼さん太郎』や『たけのこの里』を食べているほうが、何百倍も豊かさを感じます。

自分のエネルギーが動く先に、お金を流していきましょう。それが大事だからこそ、自分は何を面白いと思い、何を豊かだと思うのか、何に満たされ、何をしているときが一番、心が躍るのか、そこに全神経を集中して、お金を流していきましょう。

「何を創造するか」が問われる

機能的価値とは役に立つものに価値を置くことで、感情的価値とは感情を満たすものに価値を置くことですが、日本という国に住んでいる限り、機能的価値は無料もしくは、安価で提供されています。

たとえば、役に立つ情報はインターネットで検索をすれば出てきますし、必要なスキルも機械やネット上のサービスが対応してくれたり、少しお金を支払えば手に入れられたりすることがほとんどでしょう。

以前は、資格を取れば、それが仕事になるから安心などといわれていましたが、実のところ、もはや資格の需要はあまりありません。

もちろん、医師や弁護士など国家資格がないとその職業につけない場合は、資格を取る必要がありますが、そうでなければ資格を取っただけではお金には変換されないからです。

オンラインで誰でも何でも学べますし、小学生や中学生がプロも顔負けの動画編集ができる時代です。

「資格が絶対」というなら、その分野で望まれる人材となるためには、よっぽどハイレベルなスキルが求められると想像できるでしょう。

それよりも、資格はないけれど、この人と仕事をしたら面白いものが生み出せる、楽しくなる、そんなエネルギーを感じる人に需要はあるはずです。

つまり、機能的価値が未熟でも、感情的価値を見出せる人のほうが望まれるのが、これからの時代です。


これからの時代は人物勝負です。高学歴だったとしても、過去にどんな素晴らしい実績があったとしても、「いま何ができるのか?」「いまどういう姿勢で取り組んでいるのか?」「何を創造していきたいか?」が問われているのです。

つまり、いまの自分自身が評価される時代なのです。

私のことでいえば、高卒で資格なし、働いた経験は、ケーキ屋さんと回転寿司屋さんのバイト、洋服屋さんの店員、スーパーのレジ、工場のパートくらいです。自宅エステを開業したけれど、それも資格なしで起業しました。

機能的価値でいえば魅力はありませんが、「エネルギー論」を広めるために面白いと思うことをしているだけで、年間1億円は動かせるわけです。

これからの時代に必要なことは、「いま何ができるのか」「どれだけみんなと面白いことができるのか」です。

そのための経験値を上げることにお金を使って、これからの時代をスイスイわたっていきましょう。

信用から信頼へ！

信用と信頼は似たような言葉ですが、信用は過去の実績に基づいて用いるもの、信頼は未来を信じて頼るものです。

これまでは信用に傷がつくと、復活が難しい時代でした。しかし、これからは信用も必要ではありますが、ウエイトは信頼に傾いています。

身近なことでいえば、離婚は「戸籍に傷ができる」などといわれて懸念されていましたが、いまは2人に1人が離婚する時代です。私も2回離婚していますが、だからといって「吉良久美子は信用ならない」など思われることもありません。むしろ「自由でいいな～」という羨望の眼差《まなざ》しをいただいたりしています（笑）。

子どもの不登校も同様で、かつては「あの家、子どもが学校に行ってないんだって。大変ね～」などと噂になったものですが、いまや不登校はクラスに2～3人いるのが普通。けれども学校に行かず、家でパソコンオタクになったとしても、そこで世界とつながって何かを創造するという可能性もあります。

真剣に悩んでいる親御さんもいらっしゃいますが、不登校だからといって、未来が不安だらけなわけではありません。むしろ、学校を首席で卒業したにもかかわらず、プライドが邪魔して社会で「使えない」といわれてしまう人のほうが困ることになります。

いわゆる大企業に入っていい給料をもらうという思考のまま、就職活動をして雇用されていくというのは、厳しい言葉でいえば、搾取される人に自らなっているのです。

独自の面白いビジョンを持ち、他人への感謝が構築されていれば、自然と信頼がたまっていきます。

信頼あるところにエネルギーは流れ、お金もどんどん循環するようになっていくでしょう。

自分という存在に、高値をつける方法

朝から夜中まで一生懸命働いてやっと生活できる人もいれば、人生を楽しみながら十分すぎるほどのお金を手にする人もいます。

なんだか不公平に思えるかもしれませんが、自分に入ってくる金額は、

「**持っている能力×自分が最高値で売れる市場**」

という方程式があります。

どの市場に、自分の身を投じるかによって、結果が変わるということです。

たとえば、私の長男はパソコンが得意で、ウェブデザインや動画作成ならプロにも負けません。ですから、いいウェブデザイナーを探している市場に長男が行けば、高値での需要がありますが、もし有能な事務員を探している市場に行ったら、ちらかし

たり計算ミスをするなどして、使いものにはならないでしょう。

長男自体は何も変わらなくても、自分という存在を最高値で需要のある市場に置けるかどうかで、巡ってくるお金はだいぶ差がついてしまいます。

もしいま、お金に困っているという人は、自分の能力を見直して、仕事を変えてみるなど、自分が最高値で売れる場所を探してみてください。楽しく働くというのは、そういう市場に身を置いてこそだと思います。楽しく働けるだけでなく、十分なお金が舞い込むようになりますよ。

スピード感を持って、お金の循環をよくする方程式

スピード感を持ってお金を手に入れるための方程式があります。

それが「個人のエネルギー×世界のエネルギー」。

望む現実を創造していきたいと誰もが思っているでしょうが、それにはまず「ひとりひと宇宙」を基本とする個々のエネルギーを増幅させていくことが必要です。詳しくは前著『エネルギー論』に書いてありますが、大きなエネルギーを生成していくことで、大きな現実を創造することができるのです。

しかし、お金のエネルギーを循環させる場合は、個人のエネルギーだけでなく、世界のエネルギーとのかけ算になります。

たとえば、個人のエネルギー値がどれだけ高くても、スマートフォンが主流のいま、

最新型ポケベルを開発したところで売れませんね。

世界のエネルギーの流れを無視したり、自己満足や所有に執着したりしていると、決してお金のエネルギーが動きません。

お金を増やせる人は、世界のエネルギーの流れと響き合いながら、個人のエネルギーを拡大させ、お金を使っていくことができます。

そこには、面白さ、楽しさと同時に、信用、信頼、愛、感謝のエネルギーも流れ込むので、お金の入口が広がり、スピード感を持って、お金が流れ込んでくるようになるのです。

小さなビジョンが奇蹟を引き寄せる

「お金がほしい」といいつつ、自分がワクワクしながら輝いているビジョンが浮かばないという人は、実は「お金」そのものをそれほど必要としない人です。

この世界は、やりたいビジョンを確定させ、そのビジョンが叶うことを許した大きさで、流れ込むお金のエネルギーが決まります。

ですから、日常を生きるのにさして困らず、とくにビジョンがなければ、いま以上のお金は必要ないといえるのです。

高級マンションに住みたい、いいバッグがほしい、素敵なジュエリーを身に着けたいなど、セレブな生活に憧れお金がほしいと思っても、それはひと昔前の「所有」の概念に基づくビジョンなので、そのエネルギーは重く、なかなか動きません。

いまの時代は、楽しさや豊かさにひもづいたものにお金が動きますから、面白がってくれる人を巻き込みながら、叶えていくビジョンがあると最強です。

そのストーリーに面白がって参加してくれる人がいればいるほど、その分のエネルギーが動き、それを叶えるために必要なお金が手に入るようになっているのです。


私の例でいうと、エネルギーを使いこなしてこの地球を遊ぶ方法を届けたいという思いから、どうしても本を出版したいと思っていました。

けれど、私は出版社さんからオファーをもらうにはほど遠い無名の存在。それならば、出版社さんが「面白い！」と思ってもらえるような私になろう、そして私自身も最高に楽しみながら、その景色を眺められるような企画をやってみたいと思って始めたのが「前代未聞プロジェクト」でした。


どのようなプロジェクトかというと、出版社さんも決まっていない、本の原稿もない、その状態で２０００冊を目標に、ＳＮＳで「先に買ってください」とみなさんにお願いしたのです。

まるで先が見えないゴールであるにもかかわらず、みんなと一緒にこの世界で遊べるように、プロジェクト概要を伝えたところ、なんと初日で９００冊を購入していただきました。そして、2日目で1500冊、3日目で目標の2000冊を突破し、最終的には、4000冊を買っていただけることになったのです。

みなさんに応援してもらっていたのは私のはずなのに、参加してくれたみなさんから逆に、「チャレンジしている姿をリアルタイムで見せてもらえることが嬉しい」「素敵な企画に乗せてもらいワクワクです」など励ましの言葉をいただき、一緒に楽しんで喜び合うという、エネルギー循環が起きました。

この経験から、ビジョンがあれば、必ずエネルギーが動き、普通に考えたらあり得ないような奇蹟を起こすことができると知りました。

ビジョンというと、多くの人は壮大なことを考えがちですが、「○○をやってみたいな」「○○したら面白そう」といった小さなことでいいのです。

たとえば、料理が好きで「将来小さなカフェを持ちたい」と思っているなら、ワクワクしながらそれを周りに伝えておくことで、もしかしたら「カフェの店長をやってほしい」というオファーが舞い込むかもしれません。カフェの資金をサポートしてくれるような人が現れるかもしれません。

この世界はエネルギーがすべてです。思いがあって、それを行動に移していれば、勝手にエネルギーがマッチングして、「そんな都合のいいことあるわけない」と思うような出来事が起こりはじめるのです。

まずは、あなたがビジョンを持って生きること。その上で、そのビジョンを面白がってくれる人とつながっていけたら、エネルギーが動きはじめ、必要なお金が流れ込んでくるでしょう。

おわりに

最後までお読みいただき、ありがとうございます。
お金とエネルギーの関係について、理解していただけたでしょうか？
お金持ちになるなんて夢のまた夢であり、特別な人だけしかなれないと思うかもしれませんが、エネルギーを上手に使いこなせるようになれば、誰でも大きなお金を手にして、幸せや喜びを循環させられる、そんな無限の可能性を秘めているのです。

この「無限の可能性」というのは、陰の可能性と陽の可能性の2つから成り立っています。この世界は陰陽で成り立っているので、できないと信じ込んでいる「できない可能性（陰の可能性）」と、できると信じられる「できる可能性（陽の可能性）」が存在しています。

どちらも同じだけ可能性はあるのですが、ほとんどの人は、なぜか「できない可能性」のほうを信じています。でも、「できない」と思っている分、できる可能性を秘めているということなのです。

私は常に「この世界のエネルギーは、幸福で豊かで至福の世界に向かって一定方向で流れている」と伝えていますが、「できる可能性」を見ている人は、そのエネルギーに乗っていけるので、無限の陽の可能性の方向に動いていくのです。

この世界は自然の摂理で動いています。怪奇現象ではありません。

奇蹟と呼ばれるものも、なんの努力もなく突然すごいことが起こるのではなく、奇蹟が起きる方向に向かって未来が動いていたから、奇蹟が起きたように見えるだけなのです。

そう考えると、未来に不安を持っている人も、未来に希望を持っている人も、実は持っているものは一緒だということがわかるでしょう。

違いは、陰のエネルギーか陽のエネルギーかだけ。不安という未来に対してエネルギーを投げているのか、希望という未来にエネルギーを投げているのか、ただそれだけです。

自分のエネルギーがどっちを向いているかで、未来は決まるのです。

私は、自分のことを「できる人」だとは思っていません。けれど、「できる」と「できない」、どっちも同じだけの可能性があるとわかったので、だったら「できる可能性」のほうを見て動いてみよう、と実験しているだけです。

そうしたら、本当に思ったことが叶い続けているので、いまでも驚き続けています。

なぜ、「できる可能性」だけを見ることができるかというと、失うものは何もないと思っているからです。

いまの状態を守るために、堅実に生きても人生はつまらない。それよりも、いつ潰《つい》えてもいいから、一瞬でも幸せな時間があったことを感じて生きていきたいと思っているのです。

エネルギーを使いこなすためにも、ぜひ「できない可能性」を見るより、「できる可能性」を見て過ごしてはどうでしょう。エネルギーは注いだ者勝ちなのです。

本当に豊かな暮らし、お金に困らない生活を送りたいのであれば、あなたの「できる可能性」のほうを向いてみてください。

できると思えなくても、必ずその可能性は存在しています。

そこを信じて、この本に書かれたことを実践していただければ、必ず豊かな未来を引き寄せられるはずです。

吉良久美子

2023年3月吉日

Angeのぞみ
keiko.hishimoto
シャイニー☆キャロライン
瀬古亜矢子
Nayura
井上明美
H.hiroko
ミラ☆たか
奥井惠
徳重亜喜代
合田美佐代
ともみ
齊藤みさお
じぇり
後藤未希
Akemi
まこっちゃん（群馬）
藤本万貴
宮地郁実
mioto
さりー
松岡恵美
あいはらかずえ
啓一 姿和 はるき
いとうなおみ
森永智登美
海洋子
桝本奈々
多田晴美
ほりもとかづこ
川島富美子
Jun
山﨑ゆかり
角脇真理
maiko nishihara
藤巻尚巳
籠橋真弓
美紗子
池ヶ谷美加
HONU
下田希
福島布三恵
ふわゆめ
丸山春美
山本真由
秘書Midori
akemi*no
川瀬葉子
さまんさ
Takuya
Ayako nagahama
Satomi
博多のゆうり
銘苅ひと美
MAKI
官能着付け師たけむらなおみ
濱野博子
♡真衣♡
永田優子
高木和美
中山香代
池田祐子
まるまるママ
Kunie MKF
伊東佳美
小松美栄子
anpeg***
ダイレクトスターシード來良
/ライラ

Special thanks

成瀬咲良
池田桉理沙（ikeari）
うぐもりまゆりん
わだあゆみ
永吉真由美
KANA
石川小百合
花田まり子
なかじまたまえ
星沢美妃
羽亜
もぐもぐ
伊津野直美
るー♡
きょんてぃ
目黒実亜
赤嶺亜里沙
マニアックちえみ
青空のん
坪井綾香
まじょ☆ねね
とよみん
奥部美恵子
Meika

徳橋美歩
花山ちあき
にゃこ姉
イワハラカナエ
冨永里子
Hanano Utena
はやしゆか
石村(笹野)典子
紗倉結花
松田多津子
☆ mariko ☆
天音～ Amane ～
井手優子
Nion(におん)淑女塾
西山たびどり
たねちゃん
吉村ゆき
♡ mika ♡
村上瞳
みやじまゆりか
桜井みと
村松知里
くろこうちかずみ
渡邉美樹

優花
龍王ピュア子
佐藤篤子
メリーひろえ
村松容子
サオ♡(高橋さおり)
mii ミイ
Mizuko
たまちゃん
ポンちゃん
ヤマダクミコ
はる公
Nanami Nakamura
YUKARI KEIZER
甲田佳奈
坂本雅枝
Yoshina
和田早織
癒し処 MERCL
dai ☆ chon
美岐
石坂はる恵
花咲来果 raika
つるちゃん

吉《き》良《ら》久《く》美《み》子《こ》

ライフスタイルアーティスト。工場勤務で月収10万円のフリーターから31歳で起業。自宅でエステサロンを経営する際に、目に見えない世界が現実世界に影響を及ぼしていることに気づき、宇宙の法則や潜在意識などの実験・検証を重ね、独自の「エネルギー論」を確立。苦手意識を克服しないまま年商1億円を達成し、株式会社ZUlaboを設立する。「ありのままの自分でうまくいく」ことを伝えるため、日本各地で、講演、セミナー、セッション、コンサルティング活動を展開。オンラインサロン「Life style universe」には800名超が参加し、遊びと仕事の境目なく自由に生きる女性を多数輩出している。男の子２人のママ。著書に『エネルギー論』（廣済堂出版）がある。

★オフィシャルブログ　https://ameblo.jp/habatakuhane
★オンラインサロン「Life style universe」
https://community.camp-fire.jp/projects/view/268528

挿画：吉良久美子
装丁：高瀬はるか
本文イラスト：桃色ポワソン
DTP：ツカダデザイン
編集協力：RIKA（チアアップ）
編集担当：真野はるみ（廣済堂出版）

マネー・エネルギー論

お金の悩みや不安から解放！
エネルギーの使い手となってダイナミックに豊かになる方法

2023 年 4 月 11 日　第 1 版第 1 刷
2024 年 9 月 30 日　第 1 版第 4 刷

著者　吉良久美子
発行者　伊藤岳人
発行所　株式会社 廣済堂出版
〒 101-0052　東京都千代田区神田小川町 2-3-13　M&C ビル 7 F
電話　03-6703-0964（編集）
03-6703-0962（販売）
Fax　03-6703-0963（販売）
振替　00180-0-164137
URL　https://www.kosaido-pub.co.jp/
印刷・製本　三松堂株式会社
ISBN　978-4-331-52388-9　C0095